U0633146

小学生高效时间管理

谁偷走了我的时间

张雨彤◎主编

黑龙江科学技术出版社
HEILONGJIANG SCIENCE AND TECHNOLOGY PRESS

图书在版编目（ＣＩＰ）数据

小学生高效时间管理．谁偷走了我的时间 / 张雨彤
主编．-- 哈尔滨 ： 黑龙江科学技术出版社，2024.3
ISBN 978-7-5719-2318-1

Ⅰ．①小… Ⅱ．①张… Ⅲ．①时间－管理－少儿读物
Ⅳ．① C935-49

中国国家版本馆CIP 数据核字（2024）第 062469 号

小学生高效时间管理．谁偷走了我的时间
XIAOXUESHENG GAOXIAO SHIJIAN GUANLI. SHUI TOU ZOU LE WO DE SHIJIAN

张雨彤　主编

项目总监	薛方闻	
责任编辑	刘路	
插　画	文贤阁	
排　版	文贤阁	
出　版	黑龙江科学技术出版社	
	地址：哈尔滨市南岗区公安街 70-2 号　邮编：150007	
	电话：（0451）53642106　传真：（0451）53642143	
	网址：www.lkcbs.cn	
发　行	新华书店	
印　刷	天津泰宇印务有限公司	
开　本	710 mm×1000 mm 1/16	
印　张	4	
字　数	41 千字	
版　次	2024 年 3 月第 1 版	
印　次	2024 年 3 月第 1 次印刷	
书　号	ISBN 978-7-5719-2318-1	
定　价	128.00 元（全 6 册）	

前言

Contents

　　小朋友们，你们在生活中是不是经常遇到这样的问题：有的时候想要做的事情很多，却总感觉时间不够用；有的时候正沉浸在自己的娱乐中，却被爸爸妈妈告知要立刻结束；有的时候辛辛苦苦付出了很大的努力，却没有达到自己的期望……其实，这都是不擅长时间管理的结果。

　　为了帮助你们学会管理自己的时间，我们编写了这套《小学生高效时间管理》。本套书抓住少年儿童的心理特点和阅读习惯，从生活学习中熟悉的事入手，并通过分析原因、讲解危害，让大家明白时间的价值。文后还附有相应的"秒变时间管理小能手"，教给大家时间管理的方法，使大家能够快速提升时间管理的能力，并建立自己的时间管理策略。

　　本套书图文并茂，内容生动，相信通过阅读本书，大家可以理解时间的重要性，并通过不断磨炼时间管理的技巧，掌控自己的时间，更好地安排自己的学习和生活，掌握生活的主动权，每天都能过得充实而有意义。

目录 Contents

原来时间这样被偷走了

星期日的早上，小芳的爸爸妈妈有急事要出去，于是妈妈对小芳说："你抓紧时间起床，记得叠被子和写作业，午饭在冰箱里，你热一下吃，吃完记得把碗筷洗了，我晚上回来会检查。"

晚上，小芳的爸爸妈妈回到家后，发现让小芳做的事一件也没做。妈妈不禁生气地问小芳："你今天一整天都在做什么？"小芳不好意思地说："都怪时间过得太快了。"

妈妈带着小芳一起看了家里的监控，发现小芳起床后被子不叠就去洗漱，写作业时总是发呆，吃完饭就去看电视，忘记了洗碗筷的事情。妈妈生气地说："看看！你的时间就是这样被偷走的。"

1. 因为年纪小，我们本身并不知道什么是浪费时间的行为，从而养成了一些不好的习惯。

2. 对于爸爸妈妈交代的事情不重视，没有放在心上，一点儿不着急，总想着先玩一会儿再说，等到想起来做的时候，时间已经来不及了。

3. 对自己的日常行为没有一个合理的时间计划，想做什么就做什么，想什么时候完成就什么时候完成。

思想懒散，做事不积极，容易依赖他人

影响学习效率，成绩难以提高

没有时间观念，做事拖延

经常不守时，会给人一种不好的印象，降低个人的信誉

不重视时间的后果

我就看一会儿电视，怎么现在天都黑了，作业还没写呢。

看电视太入迷，把写作业的事情都忘记了。

 ## 秒变时间管理小能手

1 听爸爸妈妈和老师的话，先完成他们交给我们的任务，再去做其他事情。

2 做好计划，给自己规定好时间，在规定的时间内把事情做完。

3 采用倒计时法，让父母帮忙在规定时间内的最后 5 分钟或 10 分钟提醒自己，慢慢提高自己的做事效率。

每日计划打卡表

任务	时长	完成情况
起床	5 分钟	完成 ☐ 未完成 ☐
吃饭	30 分钟	完成 ☐ 未完成 ☐
写作业	1 小时	完成 ☐ 未完成 ☐
看电视	1 小时	完成 ☐ 未完成 ☐
跑步	30 分钟	完成 ☐ 未完成 ☐

我们的时间真的很宝贵

周五，老师通知同学们下周一要数学考试，让大家做好准备。小军计划在周末两天做 5 套数学卷，等考试时就有底气了。

周六吃完午饭后，小军刚把数学卷拿出来，邻居家的小伙伴就来叫他去踢足球。小军心想：晚上再做也不迟，我去玩一会儿也没关系。小军在球场上玩得开心极了，等妈妈叫他回家吃饭时天都快黑了。

小军吃完饭觉得今天玩得有点累，想要早点睡觉，心想：周日还有一天呢，明天再做也来得及。周日的时候，小军还是不着急，总认为还有时间，等到晚上着急做卷子的时候才后悔浪费了那么多时间。

一起来找找原因吧！

1. 时间是宝贵的，我们总是认识不到这一点。

2. 有时我们会高估自己的能力，觉得某件事很快就能完成，不必着急，等真的开始做才发现没有那么简单，完成所需要的时间超出了自己的预期。

3. 有时我们对于要做的事情没有兴趣，而且觉得时间还早，就会先做自己喜欢的事情。

4. 有时我们总觉得时间还有很多，总是在最后关头才开始做事，久而久之就养成了这种浪费时间的不良习惯。

等到最后一刻才做事，着急容易出错

学习效率降低

养成拖延的不良习惯

容易形成不良的时间观念，不利于日后成长

错误认识时间的危害

我以为的"还早"，其实时间并不多

- 从早上9点到下午5点左右，我们的时间大都在学校
- 放学到睡觉前的时间并不多，但有好几项任务要做

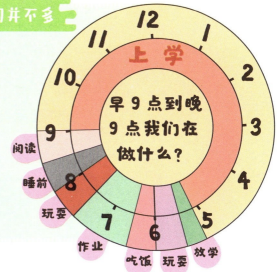

秒变时间管理小能手

1 记录日常生活中做每一件事的时间，感受时间的流逝，对时间重视起来。

2 早点开始做，赶早不赶晚，留出充裕的时间应对意外情况，比如应对意料之外的难题。

3 对自己不喜欢的学科，可以先设定一个个小的学习目标，每达到一个小目标就进行自我奖励，体验成就感，逐渐培养起对这门学科的兴趣。

我的习惯规划

早上 7：30 前起床

中午 12：30 前吃完饭

晚上 7：00 前完成作业

晚上 8：00 前运动 10 分钟

晚上 9：30 前睡觉

为什么早上总是赖床不想起呢?

再不起床上学就迟到了。

每到早上,闹铃响了,妈妈也喊了好几遍,但我们往往赖在床上不想起,心里哀求着:"能不能让我多睡会儿?根本睡不醒啊!太困啦!"真的是能多赖床一分钟是一分钟……

晚上不想睡,早上不想起,这种情况在很多人身上都出现过。阳阳也爱赖床,被窝对她来说太有吸引力了,若不是要上学,她真的能一觉睡到中午。每次她都是在妈妈一次次的催促和怒吼中无奈起床,每天早上都睡不醒、昏昏沉沉的,上课也经常犯困,导致听课也听不明白,严重影响了学习成绩,阳阳觉得这种状态太糟糕了。那么,怎样才能改善这些坏的状况呢?

1.没有固定的作息时间表，缺乏规律性，导致晚上没有足够的睡眠时间，早上起不来。

2.没有第二天的计划和目标，起床没有足够的动力。

3.可能是因为面临学习压力或者其他情绪问题。

4.长期赖床，形成不良的生活习惯。

导致大脑供血不足，醒来时会发生头晕脑涨的状况

赖床通常都会导致错过吃早饭的时间，影响身体健康

长期赖床睡懒觉，会使孩子的记忆力减退，降低学习效率

破坏身体生物钟的规律性

早上赖床的后果

早起的好处

- ◆ 在保证充足睡眠的前提下，早起能够提高人体的免疫力
- ◆ 早起能够降低高血压、高脂血症、糖尿病的发病风险
- ◆ 早起配合良好的睡眠，能够有效控制体重
- ◆ 早起可以提高人的快乐程度，减少抑郁的发生，使人在工作和生活中更有活力

秒变时间管理小能手

1 让父母给自己创造一个积极的起床环境，比如早起就有喜欢吃的早餐。

2 给自己建立一个奖惩机制，通过给予奖励或者设定相应的惩罚来鼓励自己按时起床。

3 养成良好的睡前习惯，例如避免使用电子设备、创造安静舒适的睡眠环境等。

我的晨起任务规划

洗漱

用时：

起床

时间：7：00

穿衣

用时：

吃早餐

用时：

出门

时间：8：00

收拾床铺

用时：

上厕所

用时：

想早睡早起，又忍不住熬夜了

　　小丽暑假时经常熬夜，白天睡到自然醒，过得非常开心。忽然有一天，妈妈提醒小丽下周就要开学了，让小丽调整作息时间，每天早睡早起。小丽知道开学就不能再这样了，也下定决心不再熬夜。可是，晚上妈妈让正在看书的小丽赶紧睡觉，小丽虽然一口答应，但等妈妈走后，丝毫没有要放下的意思。

　　小丽想着看完这一小节就睡，不知不觉间，时间就指向了凌晨一点多，爸爸妈妈都睡着了，小丽还是没有睡。

　　等小丽发现时间已经很晚了的时候，才开始后悔："我怎么又熬夜了，我不能再这样下去了！"

1. 没有认识到熬夜是一种不好的行为习惯，从心里觉得熬夜不是什么大问题，不值得大惊小怪。

2. 觉得只有晚上的时间才能这么自由，能做自己想做的事，早睡觉就会把晚上的时间都浪费了。

3. 总是控制不住自己，虽然想着再玩几分钟就睡，但是一直不能让自己停下来，不知不觉就熬夜了。

◆ 影响消化功能，容易引起消化系统疾病

◆ 增加心脑血管疾病的患病风险

◆ 睡眠时间不足导致状态不好，上课不能专心听讲，影响学习成绩

熬夜的危害

◆ 影响生长激素的分泌，对发育造成影响

◆ 熬夜会使人的精神持续处于兴奋状态，引起神经功能紊乱，进而导致记忆力下降、神经衰弱、免疫功能下降等

小学生每天睡眠时长应达到 **10** 小时

入睡时间 **21：30**

起床时间 **7：30**

睡眠不足带来多种影响

◆ 发育不良

◆ 影响学习成绩

◆ 记忆力下降，学习状态有所下滑

◆ 容易情绪化

秒变时间管理小能手

1 把睡前时间规划好，比如洗澡、阅读，然后再分配剩下的时间，利用好这段时间，就不想熬夜了。

2 给第二天早上安排一些事情，比如晨练、早读等，让自己有压力和紧迫感，就会自觉不再熬夜了。

3 可以让爸爸妈妈来监督自己，在爸爸妈妈睡觉之前上床睡觉。

4 睡前注意以下事项：忌暴饮暴食，忌剧烈运动，忌兴奋玩耍，忌吃易胀气、利尿的水果。

生物钟养成计划

早上 6:30 起床

中午 11:50 午休

早上 7:00 早餐

下午 4:30 放学

早上 7:30 上学

上午 10:00 眼保健操

晚上 7:00 写作业

晚上 9:00 睡觉

遇事慌张，只会浪费你的时间

　　浩浩很喜欢打篮球，因此妈妈给他报了一个篮球训练营。训练营的其他小伙伴都进步神速，只有浩浩进步比较慢，很难把篮球投进去。有一天，教练告诉大家，一个月后要组织一场趣味比赛：看看谁在 5 分钟内投中的球最多。浩浩很想变得和大家一样厉害，就加倍努力，经过一个月的刻苦训练，他有了很大的进步。

　　比赛开始了，在浩浩前面出场的小伙伴成绩都非常不错，等轮到浩浩的时候，他有些紧张，接连投了好几个球都没有进。浩浩开始变得慌张起来，心想：这球投不进怎么办呢？所以他举着篮球却迟迟不敢投向篮筐。5 分钟很快就到了，浩浩最终没能取得好成绩，他伤心极了。

1. 缺乏自信，有人围观或者比赛时，害怕失败被别人嘲笑，导致发挥失常。

2. 对自己的期望过高，比赛时感到压力很大，容易慌张，等到后面恢复心态时，时间已经过去很久了。

3. 习惯家庭的保护，缺乏独立自主性，一遇到困难的事情就慌张。

容易在受到外界刺激或是面对一些情况时，出现一些过激反应而导致犯错

长期处于慌张情绪，会更加缺少安全感，唯唯诺诺什么事都害怕，从而变得内向自卑

影响大脑的脑回路，让大脑在传递信息时出现记忆障碍，时间久了会导致记忆力变差

会对自己的能力做出错误判断，误以为这就是自己的真正实力，影响对自我的认知

遇事慌张的危害

遇事冷静的好处

◆ 更好地应对挫折、压力和冲突，以理性的方式解决问题

◆ 更好地分析和评估问题，并采取适当的行动

◆ 反思自己的行为和决策，并主动调整自己

◆ 集中注意力并静下心来思考，从而更好地处理学习中的问题

只要冷静思考，这道难题一定能做出来，慌张只会浪费时间。

秒变时间管理小能手

1 可以通过角色扮演、模拟比赛等方式，让自己在安全的环境下体验慌张的情境，逐渐适应和克服，避免因为慌张而浪费时间。

2 多参加一些小组活动、社交活动等，增强适应能力和自信心，使自己面对难题时能从容应对。

3 规律饮食和休息，让自己一直保持最佳状态，抓住每分每秒应对挑战，避免因为状态不好而浪费时间。

我的缓解紧张小方法

方法一

生理舒缓法

通过深呼吸和肌肉放松来缓解紧张情绪。

方法二

心理诱导法

在心里不断告诉自己，已经做好准备，任务已经完成等，让情绪得到放松。

方法三

运动缓解法

通过慢跑的方式，让自己出出汗，有助于缓解紧张情绪。

迟到不好，但总是迟到怎么办？

小刚有一个外号叫"迟到大王"，因为他总是迟到。他迟到的事情可太多了。有一次，小刚约小柯去看电影，电影已经开始 10 分钟了，小刚才到电影院。小柯问小刚为什么迟到，小刚说路上堵车了。

还有一次，小刚约小鹏去图书馆，小鹏在图书馆已经看完一本书了，小刚才到图书馆，并向小鹏解释说自己起晚了。

类似的事情还有很多，后来同学们都不爱和小刚玩了，小刚每次约其他同学一起出去玩，同学们也都会委婉拒绝。小刚自己也有些后悔，他也想改掉总是迟到的坏毛病。

1. 没有养成守时的习惯，心里觉得迟到一会儿也没关系。

2. 对于一段路程所需要花费的时间没有正确的预估，觉得很快就能到，没必要那么早出发。

3. 做事习惯拖延、磨蹭，一点儿不着急，总是等到时间来不及了才开始准备。

总是找各种理由迟到，会养成拖延的毛病，影响日常生活

不能融入集体生活，导致学习兴趣越来越淡

长期习惯性迟到会导致做任何事都想着偷懒

不利于养成正确的时间观念，导致做事都是慢吞吞的

总是迟到的危害

"守时就是守信"，时间很宝贵，不论是别人的还是自己的。日常交往中，时间就是信用，一定要有时间观念。

 ## 秒变时间管理小能手

1 预留出时间，养成提前出发的习惯。因为路上有很多不确定因素，所以要提前出发。

2 出发前做好功课，了解路况，选择合理的出行方式，避免出现堵车、走错路等情况。

3 可以设置一个目标时间，然后每次按时到达目的地就给自己奖励，例如吃一顿好吃的饭菜。同时也需要设定一些惩罚措施，例如迟到就要写一篇检讨，从而建立起自我约束机制，帮助自己养成守时的好习惯。

我的时间规划日历

星期一	星期二	星期三	星期四	星期五	星期六	星期日
6月30日	7月1日	7月2日	7月3日	7月4日	7月5日	7月6日
			晚上 8:00 和亮亮跑步			
7月7日	7月8日	7月9日	7月10日	7月11日	7月12日	7月13日
下午 4:00 和美美看电影						
7月14日	7月15日	7月16日	7月17日	7月18日	7月19日	7月20日
	上午 10:00 去奶奶家					
7月21日	7月22日	7月23日	7月24日	7月25日	7月26日	7月27日
7月28日	7月29日	7月30日	7月31日	8月1日	8月2日	8月3日
				下午 2:00 去飞飞家写作业		

做事太磨蹭，可能你缺少一个闹钟

乐乐是个很可爱、很聪明的小男孩，但是他也有缺点：做什么事都喜欢磨蹭。

早上起床，妈妈要催乐乐好几遍。中午吃饭，乐乐也需要妈妈的催促，妈妈经常说："别看电视啦！快吃饭！""都快要一个小时了，你怎么还没吃完！"晚上写作业，乐乐必须有妈妈盯着，妈妈出去一会儿再回来，作业本上就还是之前写的那几个字，每次都让妈妈特别生气。

后来妈妈想到一个办法，她送给乐乐一个闹钟，让他利用闹钟改掉磨蹭的习惯。

1. 我们对于时间的流逝并不敏感，不能依靠自己来把控时间。

2. 对一些事情没有兴趣，甚至不想做，所以做起来就慢，喜欢磨蹭。

3. 缺乏安全感，需要父母的陪伴才能把事情做好，比如写作业的时候有父母在身边就写得快，否则就写得慢。

4. 做事容易分散注意力，导致做事磨蹭、速度慢。

做事太磨蹭的危害

影响学习成绩

产生挫败感，影响自尊心和自信心

变得懒散

自身能动性降低

破坏生活习惯，影响身体健康和发育

做事喜欢敷衍了事

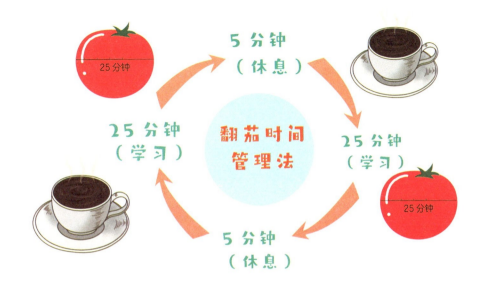

 秒变时间管理小能手

1 　利用闹钟控制好吃饭时间，比如最多 30 分钟吃完饭，定好时间，在闹钟响起前把饭吃完。

2 　利用闹钟督促自己学习，根据自己的作业总量和难度，估算出做作业需要的时间，然后让闹钟在所需时间的前 10 分钟响，这样既可以体验成就感，也可以培养自己的时间意识。

3 　利用闹钟控制好娱乐时间，比如晚上最多看 30 分钟电视，定好闹钟，等闹钟响起就自觉关掉电视，改掉磨蹭的坏习惯。

我的时间规划表

一起来画一画吧

第一步：画一个这样的分区

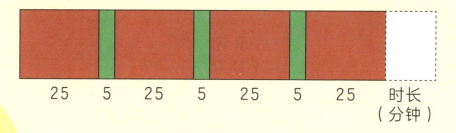

| 25 | 5 | 25 | 5 | 25 | 5 | 25 | 时长（分钟） |

第二步：将学习任务依次填入

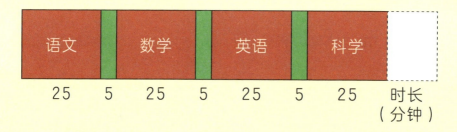

语文　数学　英语　科学

| 25 | 5 | 25 | 5 | 25 | 5 | 25 | 时长（分钟） |

第三步：每学习 25 分钟，就休息 5 分钟，并用番茄钟计时

备注：　 学习　　 休息

总是因为深陷自责而浪费时间

牛牛上六年级了，学习任务变重了。但牛牛总抵挡不住其他事物的诱惑，无法专心学习，事后又陷入深深的自责之中。

有一次，牛牛正准备写作业，表妹丽丽来找他玩，牛牛想先写完作业再玩，就让丽丽自己先玩一会儿，丽丽便坐在客厅的沙发上玩起了手机游戏。丽丽打游戏的声音不断传来，牛牛先写作业的决心再次动摇，心想：我就去玩一会儿。

于是，牛牛和丽丽一起坐在沙发上玩起了手机游戏。等牛牛想起来该写作业的时候，天都要黑了。牛牛赶紧回到书桌前开始写作业，但内心陷入深深的自责中而无法自拔，以至于写作业心不在焉，到很晚了也没有写完作业。

1. 怀疑自己的能力，觉得自己不如别人，所以一旦遇到什么问题，他们总是倾向于把责任归咎于自己的无能，不能从自责情绪中走出来。

2. 天性敏感，过于压抑自己的情绪，总是苛求自己，希望自己做的每件事情都完美无瑕、面面俱到。

3. 过于好强，给自己施加过度的压力，一旦做错事就陷入深深的自责，在自责中什么也不想做，白白浪费时间。

深陷自责的危害

自我否认

焦虑不安

拒绝接触新的东西

压抑自己的发展能力

降低自信

深陷自责的调整过程

犯错 ➡ 自责 ➡ 接受现实 ➡ 分析原因 ➡ 调整状态

秒变时间管理小能手

1 把做错了的事情与自己的价值分开，自我暗示："这件事情我做得不够好，但我下次会努力做到最好，不要沉溺于自责之中而浪费时间。"要明白生活中的一些小失误在所难免，不要把时间浪费在自责上。

2 调整对自己的期望，终止各种偏激的、有悖常理的"高标准、严要求"，合理利用时间，踏实前行。

3 多和爸爸妈妈沟通交流，形成一个安定、和睦的氛围，这样能防止和克服过度自责，避免浪费时间。

我的时间规划表

在自责中浪费的时间

事件	浪费的时长	改进措施
考试没考好	2 小时	总结经验教训后，快速投入接下来的学习中

为什么感觉体育课总是过得更快？

才上课 10 分钟，时间过得好慢啊。

体育课上，小刚和同学们一起玩游戏，大家玩得非常开心，一节课很快就过去了。下课后，小刚对体育老师说："要是体育课时间能再长一点就好了。"体育老师笑了笑，没有说话。

下节课是数学课，数学老师在讲台上声情并茂地讲课，小刚却感觉度日如年。玩了一会儿手指后，小刚觉得已经过去 30 分钟了，抬头一看时间，才过去 10 分钟；小刚又在纸上胡写乱画了一会儿，觉得下课时间要到了，结果才过去 5 分钟。小刚不由得想到：明明每节课都是 45 分钟，为什么体育课的时间就过得那么快，数学课的时间就过得那么慢呢？

1. 对老师讲的内容不感兴趣，不愿意听讲，只想着下课后去做自己感兴趣的事，所以感觉度日如年。

2. 心绪还没有从玩乐中收回来，还想继续像体育课上那样玩游戏，不想上数学课。

3. 如果我们听不懂老师上课讲的内容，就会觉得无聊，希望早点下课，所以觉得时间过得很慢。

◆ 许多重点知识不能理解掌握，会遗漏一些需要特别注意的知识点，影响学习成绩

◆ 会导致注意力不能集中，做事没有效率

上课不认真听讲的危害

◆ 浪费宝贵的课内时间，需要花费更多的课外时间来补救，效率低

◆ 学生时期的学习，对未来的工作也是有帮助的，不认真听讲会影响日后的学习和工作

上课不专心听讲，导致学习成绩下降，只能通过各种补习来提高学习成绩。

 秒变时间管理小能手

（**1**）　上课时认真听讲，努力让自己跟随老师的思路，听不懂就及时问老师，不要把问题留在课后。

（**2**）　提前预习老师要讲的内容，找到自己认为的重难点，带有目的地集中精力听老师讲课，就能听懂老师讲的内容，这样也就不会觉得上课时间过得慢了。

（**3**）　了解学习的目的，理解为什么要学习，建立学习的兴趣，培养学习的热情，这样就会懂得珍惜学习时间，提高学习效率。

时间对比图

上课认真听讲，就不会觉得时间过得慢，课后作业也能高效完成，制订一个计划来督促自己上课认真听讲吧！

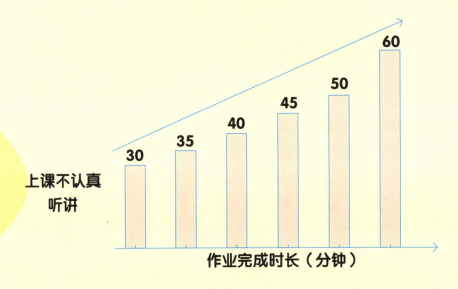

上课不认真听讲

作业完成时长（分钟）

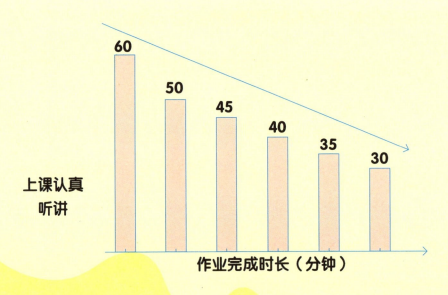

上课认真听讲

作业完成时长（分钟）

为什么考试的时间总是不够用？

　　明天就要数学考试了，小菲感到很紧张，因为她经常做不完题目，总觉得考试时间不够用。小菲整晚都在给自己打气，相信自己这次一定能做完。

　　第二天，小菲坐在考场上，埋头奋笔疾书，前半部分试卷做得还算顺利，之后有一道题把小菲难住了。她和这道题较上了劲，决心一定要把这道题做出来。小菲冥思苦想，绞尽脑汁，终于把这道题做了出来。

　　然而还没等小菲高兴一会儿，交卷的铃声就响了。小菲看着还有三分之一空白的试卷伤心极了，心想：又没有把试卷做完，考试时间为什么总是不够用呢？

1. 遇到难题的时候，习惯和难题死磕，不做出来不罢休，导致来不及解答其他题目。

2. 考试的时候心不在焉，做题慢慢悠悠，但是考试的时间不是无限的，没有紧迫感自然做不完试卷。

3. 因为平时总是不能在规定时间内做完试卷，有很重的思想包袱，在考场上不能专心做题，导致做不完考试题目。

做题效率低，而且没有检查的时间，容易出现低级错误

遇到难题死磕，长此以往会形成不会变通的思维方式

考试题目做不完导致成绩不好，影响对学习的兴趣

对时间概念模糊，做事懒散、拖沓

不会合理分配考试时间的危害

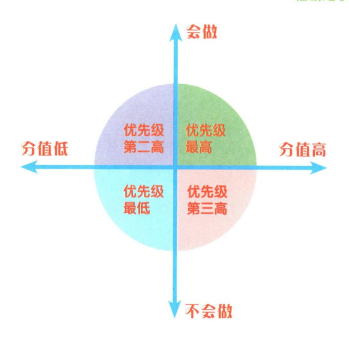

合理分配考试时间，才能取得一个好成绩。

秒变时间管理小能手

1 在日常学习中培养时间紧迫感，比如写作业、做卷子时，给自己设定时间限制，在规定时间内完成。

2 考试前做好计划，合理分配时间，比如填空题用多少时间，应用题用多少时间，并且留出 15 分钟来检查答案。

3 学会变通，考试时先做容易的题目，再攻克难题，不要在难题上浪费太多时间。

我的考试时间规划

你会怎么分配考试时间呢？根据自己的情况来涂一涂吧！

<table>
<tr><td></td><td></td><td>■ 5分钟</td></tr>
</table>

选 择 题 □□□□□□ 所用时长 ____分钟

填 空 题 □□□□□□ 所用时长 ____分钟

简单应用题 □□□□□□ 所用时长 ____分钟

复杂应用题 □□□□□□ 所用时长 ____分钟

检 查 答 案 □□□□□ 所用时长 ____分钟

谁拿走了我的午后休息时间？

最近一段时间，小柯迷上了一个电子游戏，原本每天中午吃完饭后的休息时间，他都用来玩游戏了。一到下午，小柯总觉得精力不足，尤其是在下午第一节课的时候，总是打瞌睡，注意力也不能集中，老师讲的是什么，也完全没有听清。

老师生气地问小柯："你最近是怎么回事？一到下午就无精打采的，上课的时候经常打瞌睡，不认真听讲，再这样下去你的学习成绩肯定会退步的！"

小柯也不想退步，可是他下午总是没精神，该怎么办呢？

1. 对中午饭后休息时间并不重视，觉得刚好有时间玩乐，把休息的时间都用在了游戏上。

2. 没有养成午睡的习惯，中午饭后不休息。

3. 有时候我们的午休环境比较糟糕，或者有外界干扰，无法好好休息调整。

◆ 午后不好好放松调整容易导致下午的精神比较差，可能会发困或者精神疲乏等，都会影响正常学习和玩耍

◆ 若中午饭后不休息调整，而进行剧烈活动，下午上课容易疲惫，就会降低学习效率

不重视午睡的危害

◆ 中午如不适当午休，会导致注意力不集中，影响学习效果。

◆ 一上午的学习后，人的大脑会很疲劳，午后适当休息调整可以缓解这种疲劳，长时间处于疲劳状态则会影响记忆力

午后休息调整的好处

◆ 帮助消除机体疲劳，有助于下午精力充沛

◆ 能够使大脑得到有效的休息，改善生理功能，促进脑力恢复

◆ 使心情放松，保持良好的情绪

◆ 可减轻心脑血管负担，降低高血压、心脏病以及其他疾病的发病率

 ## 秒变时间管理小能手

1 了解午后休息调整的好处，从心里重视午后休息调整，这样就能摒弃外界的各种诱惑，踏实地放松调整。

2 制定午后休息调整时间，每天午饭后，好好休息，对剧烈运动说"不"，养成良好的午后休息调整的习惯。

3 中午休息时间比较短，我们可以寻找一个安静的地方，做一些轻松的事情，放松身心。如果有同学比较吵闹，可以委婉地让他们小声一点。

我的午后活动与下午上课状态效果

 你来对一对

打篮球	差
看长篇小说	较差
看杂志	一般
散步	良好
闭目养神	优秀

为什么总是不能按时完成作业呢？

亮亮回到家后，妈妈让亮亮在 40 分钟内写完作业，然后吃饭。亮亮心想："今天作业少，用不了 40 分钟就能完成。"亮亮打开作业本，坐在书桌前便神游起来："妈妈今天做什么饭呢？我好想吃红烧肉。""昨天的动画片太精彩了。"……

就在亮亮胡思乱想时，妈妈走进来看到亮亮的空白作业本，生气地说："40 分钟过去了，我饭都做好了，你怎么一个字都没有写？"亮亮这才反应过来，摸着头说："我明明只想了一会儿事，怎么都已经过去 40 分钟了？"

妈妈生气地说："时间都在你开小差的时候流逝了！"

1. 我们总在做作业的时候开小差，时间就这样浪费在了无关紧要的事情上，自然无法按时完成作业。

2. 做作业时没有计划，一会儿做数学，一会儿做语文，这样写作业的效率很低，无法按时完成作业。

3. 做作业时容易受到干扰，比如听到电视机的声音，就会好奇地去看一看，这样就会占用写作业的时间，作业也就无法按时完成了。

4. 我们有时认为作业很简单，用不了多长时间就能写完，总想着先玩一会儿再写，等写作业的时候才发现剩下的时间根本不够。

占用学习时间，导致学习成绩下降

不利于养成做事专注的习惯

做事时丢三落四，学习容易半途而废

容易分心，影响作业进度

开小差的危害

注意力集中的好处

◆ 不容易被诱惑
◆ 情绪更加稳定
◆ 更容易发展出特长
◆ 学习能力更强
◆ 学习更加轻松

 秒变时间管理小能手

1 写作业之前定好时间，如果无法按时完成作业，可对自己进行小惩罚，比如做10个俯卧撑，来培养自己的时间观念。

2 告诉自己回家后完成作业才是主要任务，其他事情都往后排，避免很晚才开始写作业。

3 写作业时集中注意力，将所有心思放在作业上，注意力集中了，就能缩短完成作业的时间，还能提高作业质量。

4 写作业前把容易诱惑自己的事物清理干净，比如书桌上的零食、开着的电视机等，给自己创造一个良好的写作业环境，就可以更加专注地写作业，从而避免浪费时间了。

我的时间规划表

星期＿＿＿作业计划表

科目	计划完成时间	实际完成时间	原因	备注

注：做计划时各科交叉进行，转换思维模式；每一列都要认真填，并反馈总结。

为什么感觉没时间发展兴趣爱好?

　　媛媛从小就非常喜欢画画,妈妈给媛媛报了一个书画班,在书画班里媛媛进步很快,她的作品还在小学组的比赛中获过奖,教她画画的老师也说媛媛是个好苗子,值得好好培养。

　　但是开学之后,媛媛又升了一个年级,学习任务增多,学习压力也越来越大,每天的作业都要写好久,画画的时间也越来越少了。媛媛觉得自己的时间根本不够用,就向妈妈说明情况,并提出不再去上书画班了,妈妈劝媛媛再好好想想:"你画得那么好,就这样放弃太可惜了。"

　　最后,媛媛还是因为时间不够用,而且觉得自己长大后还可以再学,放弃了自己喜欢的画画。

1. 不会合理安排学业和兴趣爱好的时间，导致两者无法兼顾，产生冲突，不得不放弃兴趣爱好。

2. 觉得自己还小，等长大后就有许多时间来发展自己的兴趣爱好，现在放弃没关系。

3. 学业任务太重，给自己的心理压力太大，失去了发展兴趣爱好的动力。

◆ 可能会导致做某件事的时候着急赶进度，影响学习效率

◆ 会导致原本可以兼顾并存的几件事无法完成，不得不放弃一些事

不会合理规划时间的危害

◆ 觉得每天都很累，没有充足的休息时间，心理压力增大，影响身心健康

◆ 做事没有效率，看似很忙碌，实际上却没有做多少事情

培养兴趣爱好的好处

◆ 放松和保护身心健康

◆ 精神得到满足时，可以找到心理安慰，获得满满的安全感

◆ 对于提高社交能力会有很大的帮助

 秒变时间管理小能手

1 目标设定：明确自己的学业目标和兴趣爱好目标，制定明确的长期和短期目标，以此为基础进行时间安排。

2 如果觉得时间确实不够用，可以对兴趣爱好做一些调整，比如缩短发展兴趣爱好的时间，但千万不要彻底放弃。

3 充分利用碎片时间，如等车的时间等，进行简单的复习、阅读或思考，将节省出的时间用于兴趣爱好。

我的课外兴趣时间规划

项目	时间
 户外跑步	周一晚上 7:30—8:00
 跳绳	周三晚上 7:30—8:00
 画画	周五晚上 7:30—8:00
 打篮球	周六下午 4:00—6:00

为什么司机不等我?

别玩啦!我们该走了,不然赶不上末班车了。

爸爸妈妈带着萱萱和小东来到游乐场,萱萱和小东一会儿坐在旋转木马上转圈圈,一会儿荡秋千,一会儿又去开碰碰车……玩得不亦乐乎。

他们的爸爸妈妈只能辛苦地跟着他们跑来跑去,不知不觉间,时间已经很晚了,妈妈对萱萱和小东喊道:"别玩啦!我们该走了,不然赶不上末班车了。"

两位小朋友玩得很开心,完全不想走,在妈妈的再三催促下才离开游乐场,一家人急忙奔向公交车站,却看到末班公交车刚刚离开了。小东不开心地说:"就差几秒钟,公交车为什么不等我呢?"

1. 没有意识到时间不等人，总是按自己的想法做事。

2. 日常生活中的很多事都有时间规定，比如火车有规定的出发和到达时间，足球比赛有时间限制，而我们很容易忽视这些时间规定。

3. 做事磨蹭，心里一点儿都不着急，不能自觉管理好时间。

不遵守各种时间制度，给自己和他人带来不便

没有时间观念，养成拖延的不良习惯

养成自由散漫的性格，不利于以后的成长

不能自主管理时间，每天生活无规律

漠视时间制度的危害

任何事都是有时间限制的，人们用时间制度来让一切都变得有序，假如我们随着自己的心意去乘坐火车、飞机，只会给自己和他人带来不便。

 秒变时间管理小能手

1 学会合理安排时间，遵守各种时间制度，从心底尊重时间，认真对待时间。

2 整理一下需要关注时间的场合和事项，牢记在心里，比如给自己定一个闹钟来按时乘坐校车。

3 学会控制自己，比如在玩得开心不愿意停下来的时候，想想公交车可不会等你的后果，养成守时、惜时的好习惯。

我的时间规划表

任务	完成情况
7:30 闹钟响就起床	
8:00 准时坐上校车	
12:00 准时吃午饭	
18:30 准时开始写作业	
21:30 准时上床睡觉	

别让任务"撞车"，消耗你的时间

今天是星期六，小峰打开了自己的日程表：下午 4:30 和小楠去打篮球，5:00 参加兴趣班，5:30 参加好朋友的生日聚会。他发现所有要做的事情都撞在了一起，时间完全是冲突的。他不禁陷入了纠结，这该怎么办呢？

后来小峰灵机一动，想到了一个办法。先去和小楠打一会儿篮球，然后迟到一会儿去兴趣班，最后从兴趣班早退去参加生日聚会。结果小峰打篮球的时候先走了，让小楠很不开心；从兴趣班早退，老师很生气；在生日聚会上大家都怪小峰迟到了。

妈妈知道后都气乐了，问他是怎么想到这些馊主意的。

1.当几件事的时间撞在一起后，我们可能觉得只要自己辛苦些，就可以把几件事兼顾起来，没必要做取舍。

2.我们可能觉得只要能把几件事情同时做了就可以了，不管做的效果如何。

3.在安排事情的时候没有做好统筹，在早就定好事情的时间段接下了其他的任务，导致几件事起了冲突。

◆ 会在日后的学习和工作中养成坏习惯，总把时间耗费在无用或多余的事情上

◆ 形成钻牛角尖的性格，总想着把所有的事情都做好，但人的精力和时间是有限的，想要同时做好所有事会影响自己的生活状态

不会取舍的危害

◆ 养成优柔寡断的性格，遇事犹豫，不能做出自己的判断

◆ 做事没有明确的目标，主次不清，精力总是被分散，很难发挥出自己的特长和优势

收纳整理物品，从中学会取舍。

 秒变时间管理小能手

1 懂得取舍，几件事情"撞车"时，选择其中最重要的事情，集中时间和精力去完成，其他事情以后再弥补。

2 寻求家长的帮助，让家长给自己提供建议，合理规避时间冲突。

3 在安排每件事的时间时要预先统筹，做好计划，避免时间"撞车"，比如知道要上兴趣班，就不要在这段时间内安排其他事情。

我的时间规划表

周日行程统筹计划表

事件	时间
和朋友去打篮球	
吃午饭	
去上兴趣班	下午 3:00—5:00
朋友的生日聚会	
写作业	

注：只有上兴趣班的时间是确定的，再根据实际情况统筹其他事情的时间安排。

小学生高效时间管理

精打细算惜时间

张雨彤 ◎ 主编

黑龙江科学技术出版社
HEILONGJIANG SCIENCE AND TECHNOLOGY PRESS

图书在版编目（ＣＩＰ）数据

小学生高效时间管理．精打细算惜时间 / 张雨彤主编．-- 哈尔滨：黑龙江科学技术出版社，2024.3
ISBN 978-7-5719-2318-1

Ⅰ．①小… Ⅱ．①张… Ⅲ．①时间－管理－少儿读物
Ⅳ．①C935-49

中国国家版本馆 CIP 数据核字（2024）第 062471 号

小学生高效时间管理．精打细算惜时间
XIAOXUESHENG GAOXIAO SHIJIAN GUANLI. JINGDA-XISUAN XI SHIJIAN

张雨彤　主编

项目总监	薛方闻	
责任编辑	刘路	
插　画	文贤阁	
排　版	文贤阁	
出　版	黑龙江科学技术出版社	
	地址：哈尔滨市南岗区公安街 70-2 号　邮编：150007	
	电话：（0451）53642106　传真：（0451）53642143	
	网址：www.lkcbs.cn	
发　行	新华书店	
印　刷	天津泰宇印务有限公司	
开　本	710 mm×1000 mm　1/16	
印　张	4	
字　数	41 千字	
版　次	2024 年 3 月第 1 版	
印　次	2024 年 3 月第 1 次印刷	
书　号	ISBN 978-7-5719-2318-1	
定　价	128.00 元（全 6 册）	

前 言

Contents

小朋友们，你们在生活中是不是经常遇到这样的问题：有的时候想要做的事情很多，却总感觉时间不够用；有的时候正沉浸在自己的娱乐中，却被爸爸妈妈告知要立刻结束；有的时候辛辛苦苦付出了很大的努力，却没有达到自己的期望……其实，这都是不擅长时间管理的结果。

为了帮助你们学会管理自己的时间，我们编写了这套《小学生高效时间管理》。本套书抓住少年儿童的心理特点和阅读习惯，从生活学习中熟悉的事入手，并通过分析原因、讲解危害，让大家明白时间的价值。文后还附有相应的"秒变时间管理小能手"，教给大家时间管理的方法，使大家能够快速提升时间管理的能力，并建立自己的时间管理策略。

本套书图文并茂，内容生动，相信通过阅读本书，大家可以理解时间的重要性，并通过不断磨炼时间管理的技巧，掌控自己的时间，更好地安排自己的学习和生活，掌握生活的主动权，每天都能过得充实而有意义。

目录 Contents

为什么会浪费宝贵的时间？

　　还有半个月就期末考试了，同学们都在争分夺秒地学习，为期末考试做准备。小军却依旧不紧不慢的，每天慢悠悠地写完作业后，不是看电视就是打游戏。一周后，小军的爸爸看不下去了，问正在看电视的小军："下周就要期末考试了，你不去看看书吗？"小军则淡定地说："不着急，我有的是时间。"

　　小军就这样又过了一周，结果期末考试他的成绩很差，于是小军的爸爸在假期里请成绩优异的小军表哥给他补习。小军看着其他同学在假期里愉快地玩耍，自己却要去补习，才后悔当初没有好好复习。

一起来找找原因吧！

　　1. 因为我们年纪还小，对于时间概念没有正确的认知，总认为自己不缺时间，慢慢做也来得及。

　　2. 有时我们会高估自己的能力，觉得自己能力很强，没必要那么早就开始复习。

　　3. 我们可能没有意识到，把学习的时间用来打游戏或者看电视，是一种浪费时间的行为。

严重影响学习效率

把过多时间浪费在游戏上会与周围世界脱节，影响人际关系

用大量时间玩游戏或者看电视，影响身体健康

浪费时间导致完不成学习任务，养成拖拉的习惯

浪费时间的危害

小军因为没有好好珍惜学习的时间，不得不在假期去表哥家补习。

 秒变时间管理小能手

1 时间是无价的，要珍惜时间，少花一些时间和精力在玩游戏和看电视上，把时间多用在学习上。

2 总爱发呆的习惯会使人在不知不觉中浪费很多时间，这是很可惜的。我们做事的时候应尽可能集中注意力，充分利用每一分每一秒。

3 养成今日事今日毕的好习惯，绝不把今天要完成的事拖到明天再完成。

"今日事今日毕" 方法

第一步

准备纸笔和闹钟。

第二步

将当日任务按轻重缓急排序，并写在纸上。

第三步

每两项任务之间要预留出 5~10 分钟的休息时间。

第四步

每做一项任务前，用闹钟定时来提醒自己。

第五步

每完成一项任务后打勾，避免遗漏。

第六步

进行总结。

凡事提前准备，才能节约时间

明天就要开学了，晚上睡觉前，妈妈对小虎说："小虎，把明天上学要带的东西准备好再睡。"小虎嘴上答应，心中却觉得明天早上出门的时候再整理也来得及，然后就去睡觉了。

第二天醒来，小虎洗漱完毕，开始收拾书包的时候，才发现要带的课本不见了。妈妈见他还没出发，就说："再不出发，上学就要迟到了。"他急得满头大汗，只好向妈妈求助："妈妈，我的课本怎么不见了？"妈妈说："昨天你把课本放在卧室了，你忘记了吗？"小虎这才想起来，赶忙去卧室拿课本。

经过一番折腾后，小虎到学校的时候已经迟到了，他懊悔地说："早知道我昨晚就该把东西都收拾好。"

1. 我们有时爱拖延，不愿意立刻去完成任务，觉得第二天再做完全来得及。

2. 没有预估做某件事所需要的时间，自以为一会儿就能做完，等到做的时候才发现需要很多时间。

3. 没有提前做准备的意识，最后做事的时候因为时间紧迫而手忙脚乱。

遇到突发状况时，不知道如何处理，导致误事

边做边摸索，降低效率

做事时慌张无序，容易将事情搞砸

浪费许多宝贵的时间

做事不懂提前准备的危害

提前准备好处多

⭐1 提前做准备更易成功，因为不临时抱佛脚，考虑得更加周全，也有时间去查缺补漏。

⭐2 每件事都可以提前做准备，这种良好的习惯会提高对生活的热情，不再被动地被生活推着向前走。

⭐3 从小事开始，提前5分钟准备，能更加从容不迫。

 ## 秒变时间管理小能手

1 养成凡事提前准备的好习惯，多小的事情都要提前做准备，等开始做事的时候就可以事半功倍。

2 事前预估要做的事情的难度，分析其中可能遇到的困难，做好心理准备和应对方法，避免时间紧张，忙中出错。

3 事先制订好合理的计划，比如不想晚上整理学习用品，我们可以早上起得早一些，这样也可以避免时间紧张。

我的书包清单

笔记本

文具

作业本

书包清单

水杯

课本

纸巾

注：前一天晚上将第二天上学要用的东西一一准备好，放在桌子上，
　　第二天检查完，有序地放进书包里即可。

正确预估时间，才不会浪费时间

昨天，小杰和同学约好今天下午3点去展览馆看科技展。下午2点的时候，小杰还躺在床上玩手机，小杰的妈妈对小杰说："小杰，你不是要去看科技展吗？现在该出发了。"小杰看了一眼时间说："才2点，不着急，我一会儿再出发。"2点半的时候，小杰妈妈又说："2点半了，你该出发了。"小杰却说："我坐公交车到展览馆只需要20分钟，我10分钟后再出发也来得及。"

10分钟后小杰出门了，但他没想到今天出行的人特别多，公交车在路上堵了很久，最后小杰迟到了半个小时，被同学评价为不守时的人。

1. 我们年纪还小，生活经验少，缺乏正确判断做某件事所需时间的能力。

2. 我们做事的时候总是习惯卡点，因此总是按照最理想的方式预估时间，认为在最后一刻完成就可以了。

3. 做任何事的时候都可能会有波折，而我们很容易忽视可能发生的意外情况，没有预留出处理意外情况的时间。

预估时间短于正常所需的时间，做事紧张，容易出错

预估时间远远大于正常所需时间，注意力容易分散，养成做事散漫、拖延的不良习惯

遇到突发状况手忙脚乱

不能养成合理规划时间的能力，在日后的工作和学习中没有效率

不能正确预估时间的危害

没想到会堵车，去看科技展肯定要迟到了。

 ## 秒变时间管理小能手

1 预留出一些时间来应对突发情况，比如预计 30 分钟能做完的事情，我们可以预留出 10 ~ 15 分钟，以免遇到突发情况时手忙脚乱。

2 不要因为别人做得快就着急，每个人的能力是不一样的，根据自己的能力预估时间，做合理的时间规划。

3 详细了解事情的难度，尽量准备周全，例如去见朋友的时候，要提前了解路线、交通状况等，做出合理的时间预估。

时间管理计划表

任务	预估时长	完成情况	原因
早上跑步 2 千米			
上午看完一本课外书			
下午去图书馆找学习资料			

寻找最佳学习时段，充分利用时间

　　小伟的英语成绩总是不及格，他决心想办法提高自己的英语成绩，于是他每天都会在临睡前背英语单词，不过有时背着背着就睡着了。就这样坚持了一个月，小伟迎来了英语考试。

　　小伟对这次考试信心满满，可当他看到考试成绩时却惊呆了——这次的英语成绩又没有及格。小伟觉得很委屈，自己明明也有认真准备，考试成绩为什么会这么差呢？小伟的邻桌小雪的英语成绩一直都很好，这次英语考试又得了满分。小伟虚心地向小雪请教，问她有没有学习英语的诀窍。小雪说："我没有什么诀窍，只是每天早上起床背20分钟英语单词而已。"

　　小伟心中疑惑，我也每天背单词，为什么差距这么大呢？

13

1. 不会合理地规划学习时间，想起来就做，结果可能会事倍功半。

2. 制订的学习计划不符合自己的学习习惯，学习的时候不能让自己处于最佳状态。

3. 没有具体的学习计划和学习目标，导致自己的注意力容易分散。

◆ 学习没有效率，导致学习成绩下降

◆ 付出很多时间却没有多少回报，导致自信心下降

不会利用最佳学习时段的后果

◆ 如果占用了本该休息或者娱乐的时间来学习，不能劳逸结合，长此以往会影响身心健康

◆ 在非最佳学习时段学习，很难集中注意力，会养成做事容易走神的不良习惯

合理利用最佳学习时段的好处

◆ 让孩子们学习更加高效，懂得把时间和相应的事情进行匹配

◆ 合理利用最佳时间段，能减少时间的浪费，让生活更有意义

◆ 明白什么时间段适合做什么，是对孩子们思考能力的一种锻炼，可以达到最优的效果

◆ 合理地安排自己的生活，在适合的时间做适合的事情，才会更加轻松和舒服

秒变时间管理小能手

1 每个人的最佳学习时间段都不一样，有的人早上学习效率高，有的人晚上学习效率高，可以通过试验对比，找到适合自己的最佳学习时间段。

2 根据自己的学习习惯和生活规律，合理安排最佳学习时间段的学习内容，但是不要因为自己的最佳学习时间段是在晚上，就学习到特别晚。

3 利用最佳学习时间段来进行针对性的学习，比如学习自己的薄弱科目，来提高薄弱科目的成绩。

最佳学习时间使用方法

☆ 清晨 6:00—7:00 ☆

经过一夜的休息，大脑已将前一天所接收的信息进行了整理、归纳和记忆，开始接收新的信息。这个时间段人的记忆力比较好，可用来背诵单词、课文。

☆ 上午 8:00—10:00 ☆

吃过早餐后，人的精力处于旺盛时期，对于各种信息理解快，判断清晰，记忆也比较快。上课及时举手询问，解决问题。

☆ 傍晚 6:00—8:00 ☆

傍晚大脑进入活动高峰期，这时快速记忆的效果通常比较好；睡觉前，大脑将不再接收大量信息，但是会无意识地整理信息，将其存入记忆中。

为什么不懂利用零碎时间？

　　小浩和小洋既是邻居又是同学，他们每天一起上学，一起放学，一起写作业。开始的时候，两人的学习成绩不相上下，后来小洋有了一个习惯，学习成绩慢慢超过了小浩。原来小洋会随身带着一个小本子，一有空就拿出来看，比如每天等公交车的时候、在课间操列队的时候。

　　有一次课间操时，小浩见小洋又拿出那个小本子来看，就好奇地问他："小洋，你那个小本子上写的都是什么呀？经常见你一有空就拿出来看。"小洋说："这是我的错题本，我会把最近做错的题目记下来，有时间就拿出来看一看，争取不再犯同样的错误。"

1. 我们可能会觉得零碎的时间那么短，拿来做什么事都不够，没有必要利用起来。

2. 想要利用好零碎的时间，但是想法太多，不知道该怎么选择，在犹豫的时候时间就流逝了。

3. 有的零碎时间是我们无法预测的，比如路上遭遇堵车、朋友没有按时到来等，导致我们没有提前做好利用这些时间的准备。

◆ 容易形成不良的时间观念，不会合理规划利用时间，养成做事懒散、拖延的不良习惯

◆ 利用零碎时间，需要提前做好准备工作，不懂主动利用零碎时间，不利于养成提前做准备的习惯

不懂利用零碎时间的危害

◆ 零碎时间看起来不多，但是积少成多之后，不利用起来的话就相当于浪费了很多时间

◆ 造成事情完不成或者学习成绩差，使人产生不是自己不努力，而是时间不够用的错误想法

每天利用 30 分钟零碎时间，坚持一周，就是 210 分钟，即 3.5 个小时。

周一	30						— 30
周二	30	30					— 60
周三	30	30	30				— 90
周四	30	30	30	30			— 120
周五	30	30	30	30	30		— 150
周六	30	30	30	30	30	30	— 180
周日	30	30	30	30	30	30	30 — 210

秒变时间管理小能手

1 正视生活中的零碎时间，比如等候时间、堵车时间等。这种碎片时间累积起来是很多的，要懂得利用起来。

2 制定好明确的目标，将自己的零碎时间围绕这个目标利用起来，比如目标是提高英语成绩，那么就可以利用零碎时间背单词等。

3 做好利用零碎时间的准备工作，比如想利用零碎时间看完一本课外读物，就可以提前准备好相应的书籍，随身携带。

零碎时间规划表

零碎时间	任务
等车的时间	
排队的时间	
晚上睡觉前的时间	
上课前的时间	
饭前等待的时间	

疲劳学习，就是浪费时间

> 我最近怎么总打不起精神呢？

　　小云和小红是前后桌，小云是一个好动的男生，每天的课间 10 分钟都要和同学们跑到教室外面玩；小红是一个安静的女生，每个课间 10 分钟都在教室看书、写作业，从来不出教室，也不休息放松一下。但是小云的学习成绩却和小红差不多，从来没有落下过。

　　小红最近觉得自己一上课就提不起精神，感觉特别疲惫。昨天的考试成绩出来后，小红发现小云竟然超过了自己。她把自己的这个烦恼告诉了老师，老师说："你以后在课间要好好休息，懂得劳逸结合，成绩自然就会慢慢好起来的。"小红很不理解，难道自己抓紧时间学习是不对的吗？

1. 没有养成课间休息的习惯，觉得只有 10 分钟怎么休息，还不如写一会儿作业，晚上能早点玩儿。

2. 太想珍惜时间了，想把课间 10 分钟利用起来，但是大脑得不到休息，反而降低了课堂上的学习效率。

3. 每个人都有自己的学习规律，看到别的同学在课间学习，自己也跟着学习，结果可能适得其反。

影响身体健康，导致免疫力下降，容易生病

经常在疲劳状态下学习，会导致记忆力下降

容易产生厌学、焦虑等心理问题

学习效率下降，不能充分利用时间

疲劳状态下学习的后果

课间休息

你们快来追我呀!

课间休息时做做运动,可以缓解疲劳,劳逸结合,上课才能更专心。

秒变时间管理小能手

1 课间的前 3 分钟,我们可以闭目养神或者远眺窗外,在放松精神的同时,简单回顾一下上节课的内容。

2 课间的中间 4 分钟,我们可以去操场散步,或者找同学聊天,放松精神,缓解大脑疲劳。

3 课间的最后 3 分钟,回到教室将自己调整到最佳状态,可以想一想下节课要讲的内容,让自己上课更加专注。

课间活动规划

 选择其中几项来完成吧！

☐ 回顾上节课的内容

☐ 室外望远

☐ 做广播体操或眼保健操

☐ 操场散步

☐ 做体力负荷不大的游戏

☐ 思考和预习下节课的内容

通过预习，实现珍惜课堂时间

最近上课的时候小旭总是跟不上老师的节奏，他觉得老师讲得太快了，自己前面的内容还没有听明白，老师就开始往下讲了。

小旭把这个烦恼告诉了妈妈，妈妈说："我有一个办法，可以帮你解决这个烦恼。"小旭高兴地问："妈妈，是什么办法？快告诉我。"妈妈说："你每天放学后，把第二天老师要讲的内容预习一遍，就能跟上老师的节奏了。"

小旭却不愿意，他觉得自己每天上课、写作业、上课外班，已经很忙了，要是再加上预习，那岂不是更忙了，自己哪有那么多时间呢？而且预习真的有用吗？

1.觉得反正老师会在上课的时候讲解新的内容，没必要浪费时间去预习。

2.觉得自己白天上课，晚上回家还要写作业，已经很忙了，没办法抽出时间来预习。

3.没有预习的目标，不清楚该怎样预习，该预习些什么，以至于对预习没有兴趣。

◆ 不预习就容易在课堂上听不懂，导致注意力不集中，造成学习效率低下

◆ 不能针对性听老师讲解，认识不到重点难点，学习变得相当被动，进而导致学习效果不好

不会预习的危害

◆ 预习是形成自学能力的前提，也是衡量个人学习能力的重要指标，不会主动预习，不利于培养自学能力

◆ 不会预习导致课堂效率低，无形中浪费了很多时间，不利于养成珍惜时间、合理利用时间的习惯

预习的好处

◆ 通过预习，可对新课做到心中有数，使听课变得更有针对性

◆ 通过预习，可以节省大量时间用于听课时思考问题

◆ 预习时要独立阅读和思考，可以提高自学能力

秒变时间管理小能手

1 制定好每天的预习时间，熟悉内容，标出重点、难点、疑点，提高课堂效率，养成预习习惯。

2 根据要预习的功课难易程度控制时间，难的功课可以多花一些时间，容易的功课可以少花一些时间。

3 选择合适的时间进行预习，预习是为了上课时能达到更好的学习效果，太早容易遗忘，太晚容易疲劳，都不合适。

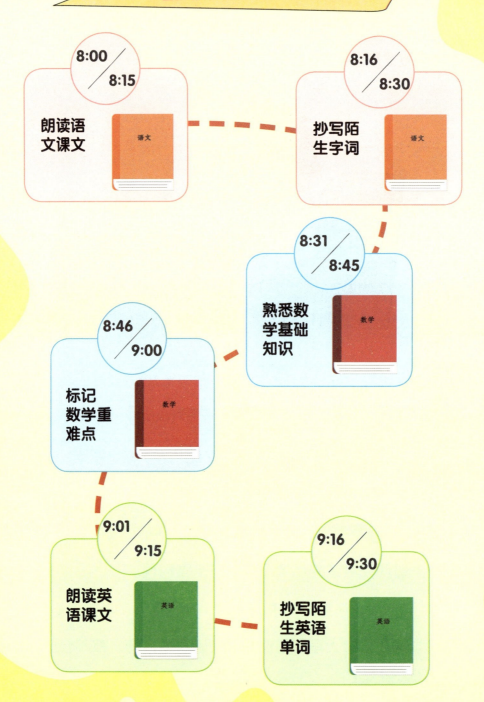

睡前预习计划

8:00 / 8:15
朗读语文课文 语文

8:16 / 8:30
抄写陌生字词 语文

8:31 / 8:45
熟悉数学基础知识 数学

8:46 / 9:00
标记数学重难点 数学

9:01 / 9:15
朗读英语课文 英语

9:16 / 9:30
抄写陌生英语单词 英语

随堂消化老师讲的知识就是节省时间

小超最近几次考试成绩非常差，妈妈问小超："你最近学习成绩下滑得这么严重，是不是在学习中遇到了什么困难？"在妈妈的再三询问下，小超支支吾吾地把他遇到的困难告诉了妈妈。

原来小超在上课的时候听不懂老师讲的内容，他觉得大不了放学再复习，没有及时向老师和同学请教，导致后来更加跟不上老师的讲课节奏，成绩也越来越差。

妈妈只好每天下班都给小超补习功课，小超每天放学后以及周末都要跟着妈妈学习，连娱乐的时间都没有，他这才后悔没有好好珍惜课上的时间。

1. 知道自己上课没有听懂，但心里还是想着其他事情，比如下课后玩什么，不着急学习。

2. 因为性格内向、胆小，即使听不懂，也不敢在课上向老师提出问题。

3. 觉得上课没听懂也无所谓，反正自己的时间还有很多，迟早会懂，没必要立刻就听懂。

◆ 不能理解掌握重点知识，写作业的时候就无从下手，写作业的时间变长

◆ 遇到听不懂的内容，就会习惯性走神，注意力分散，养成不良的行为习惯

不能及时消化知识的危害

◆ 写作业和考试经常出错，影响学习成绩，自信心受挫，甚至产生厌学情绪

◆ 占用课外时间来补习课内知识，学到的知识没有巩固的机会，也不能很好地劳逸结合，导致身心疲惫

遇到听不懂的问题，总想着以后再说。

 秒变时间管理小能手

1 课堂时间非常宝贵，要紧跟老师的思路，时刻提醒自己不要走神，老师讲到哪里，思路就跟到哪里。

2 充分利用老师课上安排的讨论时间，和同学们积极讨论，提出自己的疑点或难点。

3 有任何疑难问题，一定要赶快提问，及时消化和吸收课堂知识，不把问题留在最后。

4 认真记笔记，记笔记可以帮助我们更好地领会知识，随堂消化老师所讲的知识。

课堂高效学习习惯训练表

任务	完成情况
课前预习	完成 ☐　未完成 ☐
紧跟老师的思路，不走神	完成 ☐　未完成 ☐
充分利用讨论时间，积极参与	完成 ☐　未完成 ☐
做好随堂笔记	完成 ☐　未完成 ☐
及时提问，不遗留问题	完成 ☐　未完成 ☐

注：根据实际情况在"完成""未完成"后的方框中画"√"。

提高记忆效率，才能更省时

　　下周就要考试了，小玲约小芳周六到自己家中一起复习功课，小芳愉快地答应了。周六那天，小芳早早地来到小玲家，两人开始复习功课。她们拿出语文课本一起背诵课文，小玲才背到整本书的一半，小芳就把语文课本合上，拿出数学课本背起了数学公式。小玲觉得小芳效率太高了，更加用心地复习起来。谁知等小玲背诵完语文课文，小芳已经开始背诵英语单词了。

　　小玲好奇地问小芳："你怎么背得这么快呢？"小芳说："因为我把所有的知识点都做成了思维导图，这样记起来就快多了。"

1. 有时我们会觉得要记的知识太多了，记不住也是正常的，就不再用心去记。

2. 没有找到好的记忆方法来帮助自己记忆，明明花费了很多时间，效率却很低。

3. 有时我们需要记忆的东西太多太乱，记忆的时间越长越烦躁，最后失去了耐心。

◆ 可能会影响到情绪，使我们焦虑甚至抑郁，这些负面情绪会妨碍良好品格的建立

◆ 由于学习表现不佳，会产生消极、自卑的情绪，不利于自信心的建立

记忆效率差的危害

◆ 没有记忆就没有理解，记忆效率差会让我们逐步形成记不住、学不好、考得差的恶性循环，从而影响学习成绩

◆ 会导致经常出现丢三落四和注意力不集中的现象，不利于以后的成长和发展

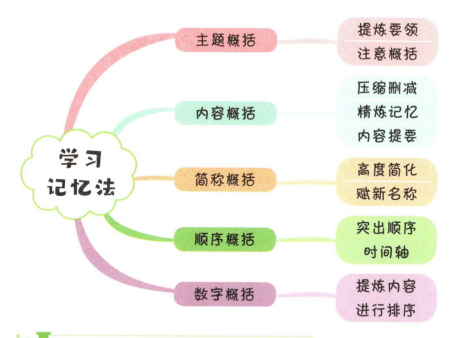

学习
记忆法

主题概括 —— 提炼要领 / 注意概括

内容概括 —— 压缩删减 / 精炼记忆 / 内容提要

简称概括 —— 高度简化 / 赋新名称

顺序概括 —— 突出顺序 / 时间轴

数字概括 —— 提炼内容 / 进行排序

秒变时间管理小能手

1 学习制作思维导图，利用思维导图给要记忆的知识"减肥"，节省记忆时间，提高学习效率。

2 每个人都有自己的学习规律，找到自己记忆效率最高的时间段，比如清晨或者睡前，可以减少记忆所需时间。

3 熟读、理解再记忆，比如背诵一首唐诗，明白了诗的意思，才能串联诗中上下句，更有效地记忆。

4 除了思维导图法，还有一些好的记忆方法，可以向老师和同学请教，找到最适合自己的记忆方法。

周末黄金记忆时间计划

任务	时间	完成情况	
背诵语文或英语	6:30—7:00	完成 ☐	未完成 ☐
练习英语听力	7:00—7:30	完成 ☐	未完成 ☐
记忆重难点	8:00—9:00	完成 ☐	未完成 ☐
思考记忆难题	14:00—16:00	完成 ☐	未完成 ☐
回顾一天所学，加深记忆	21:00—22:00	完成 ☐	未完成 ☐

因为做事散漫浪费的时间

小萌你太散漫了，每天叫你起床和吃饭都要浪费好多时间，这个毛病一定要改掉。

小萌是一个做事散漫的小女孩。妈妈叫她吃饭，小萌看着手里的书，头也不抬地说："知道啦！马上就去。"然而她磨磨蹭蹭，半天也没有动作。妈妈无奈地说："小萌你太散漫了，每天叫你起床和吃饭都要浪费好多时间，这个毛病一定要改掉。"又过了一会儿，小萌还是没有来吃饭。妈妈生气地说："以后我再也不叫你了！"

开始，小萌还不信妈妈真的能不等她吃饭、不着急送她上学。等她挨了饿、挨了老师批评，真正吃到了苦头，她才不好意思地对妈妈说："妈妈，以后你得提醒我一下，只要一下就行了，我再也不会因为散漫而浪费时间了。"

1. 在日常生活中没有一个明确的目标，总是随着自己的心意做事，把大部分的时间都用在了玩乐上，白白浪费了许多时间。

2. 不想学习，对其他事物更感兴趣，所以面对学习时就会散漫。

3. 在困难面前产生了畏难情绪，觉得自己没有办法完成这件事情，从而产生了散漫的行为。

◆ 一天无所事事，或者不知道该做什么事情，找不到事情的重点

◆ 自律性差，不能把自己的事情全部做好。一个不自律的孩子在日常生活当中会变得极其被动

做事散漫的危害

◆ 没有生活目标，丧失进取心，难以适应以后的社会竞争而被社会淘汰

◆ 没有责任心，无法取得应有的成绩，在团队中容易惹人厌，难以融入团队

◆ 容易无视各种规则，对他人和社会造成一定的伤害

1. 如果任务没有完成，自律的孩子不会偷懒或找借口。

2. 自律的孩子在各方面都会对自己严格要求，有明确的目标以及坚持下去的动力和决心。

3. 自律的孩子意志坚定，在面对困难时不退缩，去找解决问题的方法，最终克服困难。

秒变时间管理小能手

（1） 从小处着手，将一个目标细分为几个小的目标，让自己按时保质保量完成计划，改变散漫的习惯。

（2） 从自己感兴趣的事情开始，给自己制订计划，并努力完成计划，体验到完成任务的快乐，从而告别散漫，养成按时完成任务的习惯。

（3） 向家长求助，让家长陪伴和监督自己，在自己散漫的时候发出警告或提醒，从而帮助自己告别散漫，能更好地利用时间。

改变散漫习惯打卡表

⬠ 完成打勾，未完成标注数量 ⬠

习惯 \ 日期	周一	周二	周三	周四	周五	周六	周日
容易 10 个							
中级 20 个							
高级 30 个							
容易 10 分钟							
中级 20 分钟							
高级 30 分钟							
容易 10 页							
中级 20 页							
高级 30 页							

掌握解题方法，提升学习效率

　　小林和小明是好朋友，他们学习成绩差不多，但是最近小明的学习成绩进步明显。小林问小明："你最近的学习成绩怎么进步这么快，有什么诀窍吗？"

　　小明说："我们来比赛吧，比完赛我就告诉你。"他找到两张一模一样的数学试卷，两个人同时答题，等小林做完卷子的时候，小明已经等他好长时间了。小林问小明："你是怎么做到的啊？"小明说："你看看我的卷子就知道了。"小林看完小明的卷子，发现小明的解题方法既简单，正确率还高，小林不由得想：这就是我学习效率低的原因吗？

1. 上课没有认真听讲，对老师讲的解题方法一知半解，不知道该如何运用到题目中。

2. 不会变通，本来运用得很熟练的解题方法，只是换一种题型，就不知道该怎么办了。

3. 不擅长独立思考，只会生搬硬套老师讲的解题方法，没有深入了解其中的思维方式。

容易养成死记硬背的学习习惯，浪费时间的同时还没有效率

容易思维僵化，形成某种思维定式，不利于日后的成长

长此以往，可能会形成不会变通的性格缺陷

影响学习效率，导致学习成绩变差

不会灵活运用解题方法的危害

学会运用好的解题方法有多种好处

◆ 有助于我们提高做题效率和准确率，提升学习成绩

◆ 培养我们的思维能力

◆ 有助于培养我们的创新意识

这些解题方法好简便，可以节省很多时间。

秒变时间管理小能手

1 虚心向学习好的同学请教，收集简便的解题方法，选择适合自己的解题方法，节省出的时间可以用来做别的事情。

2 上课认真听讲，弄懂老师讲的解题方法，并灵活运用，提高解题效率。

3 遇到难题时，要沉着冷静，仔细分析其中的规律，找到正确的解题方法，避免在慌乱着急中浪费时间。

提高解题效率训练

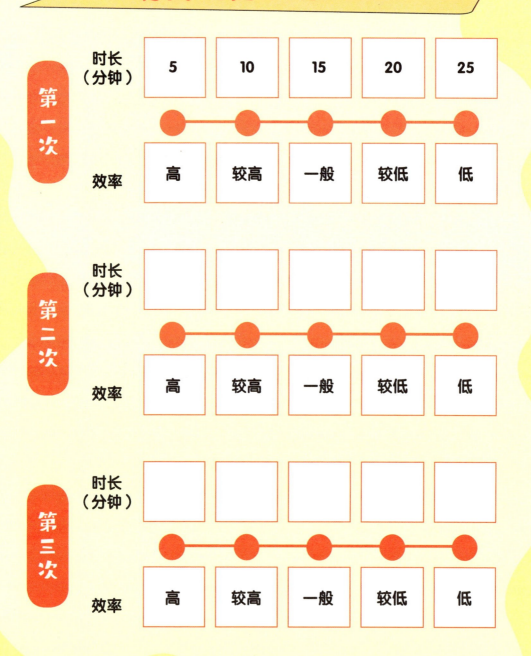

第一次	时长（分钟）	5	10	15	20	25
	效率	高	较高	一般	较低	低

第二次	时长（分钟）					
	效率	高	较高	一般	较低	低

第三次	时长（分钟）					
	效率	高	较高	一般	较低	低

注：记录每次遇到难题时所花费的时间，对比效率，加以改进。

课后复习巩固不是浪费时间

小柯，你可是咱们班的学霸，难道作业还没有写完吗？

　　周日，小元做完自己的作业后，就去找自己的好朋友小柯打篮球。到了小柯家，见小柯还在认真地阅读课本，小元惊讶地说："小柯，你可是咱们班的学霸，难道作业还没有写完吗？"

　　小柯却说："我的作业昨天就做完了，我现在正在复习这周学过的功课。"小元不屑地说："最近又没有考试，有什么好复习的，我们快出去玩吧！"小柯说："不行，我要复习完才能出去玩，你可以自己先去玩，我一会儿去找你。"小元无奈地说："那我在这里等你一起去吧。"

　　小元虽然愿意等小柯，心里却觉得又不是考试前的日子，现在复习那不是浪费时间吗？

1. 认为复习是重复学习，复习就是在浪费时间，而且没有价值。

2. 觉得已经学过就证明自己都会了，不用复习也能牢牢记住，不用再耗费时间去复习。

3. 玩心重，把复习的时间都用来玩耍了，想复习的时候才发现已经没有时间了。

◆ 学习后不及时复习，会导致知识掌握得不牢固，影响后续学习效果

◆ 复习可以使人收获新的知识，不复习就断绝了一种获取新知识的渠道

不懂得复习的后果

◆ 复习是一种有效利用时间的手段，不复习会降低学习效率

◆ 因为没有复习，考试的时候对很多知识点都觉得似是而非，影响学习心态，产生焦虑、烦躁等负面情绪

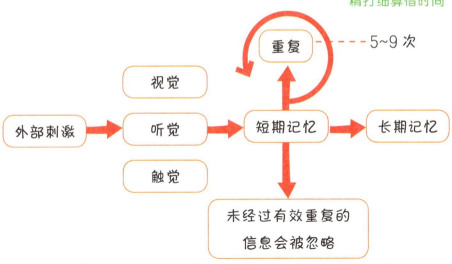

依据遗忘规律，刚学过的知识往往遗忘得很快，需要多复习（即短期记忆重复多次），这样才能在大脑中巩固所有知识点（即形成长期记忆）。

 秒变时间管理小能手

1 复习不是简单地把书上的知识死记硬背下来，而是通过分析和整理，将零散的知识系统化，使之成为一个整体，比如可以运用思维导图来梳理知识，节约时间。

2 有些知识有相似之处，为了便于区分，可以用比较列表法，把它们放在一张表中，这样它们的差异就一目了然了。

3 没有人只通过一次复习就能将知识掌握牢固，所以要反复复习。可以采用循环复习法，制订严密的复习计划进行复习。

考前一周复习计划

时间	任务	完成情况
周一晚上	听写字词	
周二晚上	复习语文课堂笔记	
周三晚上	熟记数学常用公式	
周四晚上	复习数学错题本	
周五晚上	复习英语单词	
周六	做各科练习卷	
周日	查缺补漏	

想法太多，不能迅速做决定

想做的主题太多了，我该怎么选呢？

老师给同学们布置了一项任务，要求每人利用周末时间做一张手抄报，主题自拟。小鑫有很多想法，很多主题都想做，一会儿想做珍惜时间的主题，一会儿想做保护环境的主题，一会儿又想做热爱生活的主题。

虽然小鑫的想法很多，但下笔的时候却不知道该怎么选了，他不禁纠结起来，时间一分一秒地流逝，不知不觉间，周六的下午就过去了，而小鑫还没有开始动笔。

小鑫决定再考虑一个晚上，等明天再动笔。然而到了周日，小鑫还是没有想好该做哪一个主题。小鑫心中哀叹：好难啊，我到底该怎么选呢？

1. 我们习惯了父母帮自己做决定，因此自己没有决断能力，想法太多的时候，不知道该怎么选择。

2. 分不清每个想法的好坏，觉得所有的想法都很好，都想把它们放进自己的手抄报中。

3. 想法太多，又抓不住重点，心情变得焦虑，无法专注思考每一个想法是否适合当前的任务。

◆ 容易养成做事犹豫、没有主见的性格，不利于日后发展

◆ 因为想法太多而做不出决定，容易导致焦虑、烦躁

不能迅速做出决定的危害

◆ 迟迟不能做出决定，脑子一片混乱，始终处于纠结之中，浪费时间和精力

◆ 无法专注于解决当下的问题，做事效率低

决定

快速确定目标

根据成功经验
迅速做出决定

目标

成功

根据目标
制订计划

努力实践
直至成功

行动

计划

根据计划
付出行动

⏱ 秒变时间管理小能手

1 当想法太多的时候，要学会取舍，不要浪费过多的精力和时间纠结如何选择。

2 将每一个想法都记录在卡片上，让爸爸妈妈或者朋友帮自己分析，快速做出决定，也可以节约时间。

3 要保持冷静，着急只会更加浪费时间，心态平稳才能尽快做出决定。

高效整理想法时间规划表

计划内容	时间	想法
晨读	早上 7:00—8:00	背语文课文（　　） 背英语单词（　　） 背数学公式（　　）
运动	下午 3:00—5:00	打篮球（　　） 踢足球（　　） 打羽毛球（　　）
做手抄报	晚上 7:00—8:00	保护环境主题（　　） 珍惜时间主题（　　） 热爱生活主题（　　）
游玩	周六下午	去公园（　　） 去游乐场（　　） 去郊游（　　）
吃美食	周日中午	火锅（　　） 西餐（　　） 烧烤（　　）

注：在 5 分钟内做出决定，在括号内画 "√"。

事情太多，你需要一个备忘录

周三的时候，小晨的妈妈对小晨说："妈妈明天要去外地出差，下周才能回来，你周末的时候记得去……"小晨的妈妈给小晨安排好了周末要做的事情，小晨听完后满口答应，信心满满地表示记住了。

等到了周末，小晨按照妈妈的吩咐去办事，他记得要去买文具，在文具店买完文具后，小晨想了半天，才想起还要把修理工具还给邻居阿姨。还了修理工具后，小晨又想了半天，才想到接下来要做的事情，本来半天就能完成妈妈交代的任务，小晨用了整整一天。最后他懊悔地说："太浪费时间了，早知道就把妈妈交代的事情记在备忘录上了。"

1. 认为自己的记忆力非常好，听一遍就能记住，不可能忘记，没必要记在备忘录上。

2. 不了解时间会让人产生遗忘的现象，当时确实记住了，过几天可能就忘记了。

3. 平时比较懒，即使事情太多记不住，也不愿意动笔记在备忘录上。

◆ 可能遗漏重要信息，给学习造成影响

◆ 因为记忆缺失，没有事先做好统筹规划，导致做事效率低

不会用工具辅助记忆的影响

◆ 事情太多记不住，当真的需要这些信息的时候，就要花费大量时间来回忆，浪费宝贵的时间

◆ 对自己的记忆力产生怀疑，不利于身心的健康发展

学会利用备忘录的好处

1.备忘录可以提醒我们需要完成的任务或事项，避免因忘记而遗漏。

2.我们可以在备忘录中记录每天需要完成的任务和计划，从而更好地规划自己的时间，提高工作效率。

3.备忘录可以帮助我们整理思路，将需要完成的任务按照优先级和时间轴排序，从而更好地掌控自己的工作进展。

秒变时间管理小能手

1 正视时间带来的遗忘现象，不过分依赖自己的记性。

2 可以请身边的人帮忙提醒自己，两个人的记性总比一个人的记性可靠得多。

3 自己建立一个备忘录，做好时间档案和计划，提示自己什么时间要做哪些事情。

我的一周备忘录

周一
○
○
○
○

周二
○
○
○
○

周三
○
○
○
○

周四
○
○
○
○

周五
○
○
○
○

周六
○
○
○
○

周日
○
○
○
○

优化时间，提高时间利用率

　　周末的时候，小文和他的好朋友小飞一起写作业。小文向小飞抱怨："作业也太多了吧，写完作业我们都没有时间玩了，要是一份时间能分成两份就好了。"小飞说："其实时间是可以分成两份的。"

　　小文一点儿也不相信，他对小飞说："怎么可能，你又不会魔法，怎么把时间分成两份？"小飞说："其实这是一种时间管理方法——程序优化法，比如在我们乘坐公交车的同时可以回忆今天上课的内容，在跑步的时候可以听英语，这样是不是就在同一时间内做了两件事？现在你还觉得时间不够用吗？"

1. 没有主动利用零散时间的意识，例如饭前饭后、等车等人，这些时间其实都是可以利用起来的。

2. 不擅长合理分配时间，习惯用大段时间去做一些不太重要的事情，等做重要的事情时才发现时间很紧张。

3. 不懂得并列做事的方法技巧，不会在精力充沛的情况下，在一项活动进行期间开展另一项活动。

◆ 时间利用率低，浪费自己的精力，甚至需要熬夜来完成任务，影响身体健康

◆ 因为学习效率低，容易导致做事拖延，任务完成质量差

不会优化时间的后果

◆ 日积月累，会失去很多学习的时间，慢慢落后于别人

◆ 总觉得时间不够用，无法完成自己的计划，导致目标无法实现

坐车的时候回忆当天老师讲的内容，也是一种提高时间利用效率的方式。

 秒变时间管理小能手

1 充分利用零碎时间，比如等车时间、等人时间，根据时间长短来安排学习内容。

2 在一项活动进行期间，同时展开另一项活动，比如在洗漱时听英语。

3 在做一些不重要的事时，想办法将所需时间压到最少，以便挤出更多时间来做重要的事。

我的时间规划图

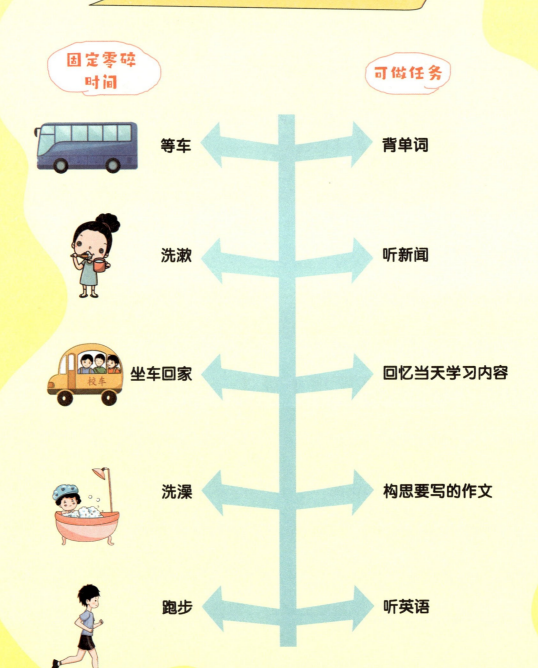

固定零碎时间

可做任务

等车 ↔ 背单词

洗漱 ↔ 听新闻

坐车回家 ↔ 回忆当天学习内容

洗澡 ↔ 构思要写的作文

跑步 ↔ 听英语

小学生高效时间管理

专注做事真省时

张雨彤◎主编

黑龙江科学技术出版社

HEILONGJIANG SCIENCE AND TECHNOLOGY PRESS

图书在版编目（CIP）数据

小学生高效时间管理．专注做事真省时 / 张雨彤主编．-- 哈尔滨：黑龙江科学技术出版社，2024.3
ISBN 978-7-5719-2318-1

Ⅰ．①小… Ⅱ．①张… Ⅲ．①时间－管理－少儿读物
Ⅳ．① C935-49

中国国家版本馆 CIP 数据核字（2024）第 062472 号

小学生高效时间管理．专注做事真省时
XIAOXUESHENG GAOXIAO SHIJIAN GUANLI. ZHUANZHU ZUOSHI ZHEN SHENGSHI

张雨彤　主编

项目总监	薛方闻	
责任编辑	刘路	
插　画	文贤阁	
排　版	文贤阁	
出　版	黑龙江科学技术出版社	
	地址：哈尔滨市南岗区公安街 70-2 号　邮编：150007	
	电话：（0451）53642106　传真：（0451）53642143	
	网址：www.lkcbs.cn	
发　行	新华书店	
印　刷	天津泰宇印务有限公司	
开　本	710 mm×1000 mm 1/16	
印　张	4	
字　数	41 千字	
版　次	2024 年 3 月第 1 版	
印　次	2024 年 3 月第 1 次印刷	
书　号	ISBN 978-7-5719-2318-1	
定　价	128.00 元（全 6 册）	

前言

Contents

　　小朋友们，你们在生活中是不是经常遇到这样的问题：有的时候想要做的事情很多，却总感觉时间不够用；有的时候正沉浸在自己的娱乐中，却被爸爸妈妈告知要立刻结束；有的时候辛辛苦苦付出了很大的努力，却没有达到自己的期望……其实，这都是不擅长时间管理的结果。

　　为了帮助你们学会管理自己的时间，我们编写了这套《小学生高效时间管理》。本套书抓住少年儿童的心理特点和阅读习惯，从生活学习中熟悉的事入手，并通过分析原因、讲解危害，让大家明白时间的价值。文后还附有相应的"秒变时间管理小能手"，教给大家时间管理的方法，使大家能够快速提升时间管理的能力，并建立自己的时间管理策略。

　　本套书图文并茂，内容生动，相信通过阅读本书，大家可以理解时间的重要性，并通过不断磨炼时间管理的技巧，掌控自己的时间，更好地安排自己的学习和生活，掌握生活的主动权，每天都能过得充实而有意义。

目录 Contents

无法专注，用时可能翻倍

　　小漫和小致是同班同学，放学后，小漫约小致到他家一起写作业。小致全神贯注，写得非常投入。小漫却一会儿转笔，一会儿逗猫，写得很慢。一小时过去了，小致完成了所有作业，小漫却只写了一半。

　　小漫的妈妈严肃地问小漫："同样的时间，小致都写完作业了，你怎么才写一半？"小漫小声说："我写字本来就慢嘛！我没小致有天赋。"妈妈批评道："这不是天赋问题，而是你没把全部心思和精力都放在完成作业上面，这样你用的时间就会翻倍。你说是吗？"

　　小漫觉得自己确实如妈妈说的那样，就点点头，说："妈妈，我知道了，以后我也要像小致一样专注学习。"

1. 自我控制能力较差，周围的事物总能吸引我们的注意力。

2. 从小养成的坏习惯，无意识地开小差、搞小动作，时间都被磨蹭掉了。

3. 作业难度比较大，而我们不喜欢深入思考、钻研，容易心浮气躁，难以专注。

4. 缺乏学习兴趣，对写作业不积极，导致我们在写作业的过程中常常分心。

5. 对待学习和作业态度散漫，不理解学习的重要性，容易分心。

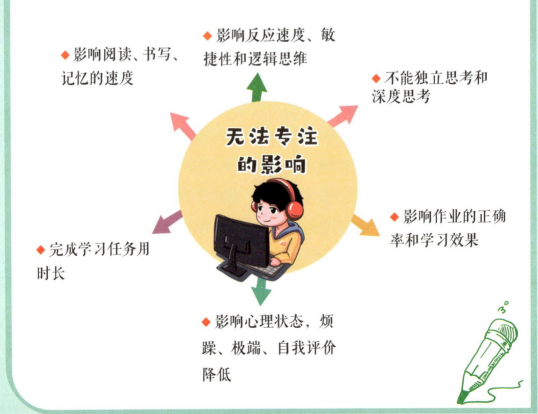

◆ 影响反应速度、敏捷性和逻辑思维

◆ 影响阅读、书写、记忆的速度

◆ 不能独立思考和深度思考

无法专注的影响

◆ 影响作业的正确率和学习效果

◆ 完成学习任务用时长

◆ 影响心理状态，烦躁、极端、自我评价降低

注意力示意图

保持专注，才能提高效率。

 ## 秒变时间管理小能手

1 合理规划自己的时间，并按规划好的时间做事，比如哪个时间段写作业、哪个时间段娱乐、几点睡觉等，培养自我控制能力。

2 请爸爸妈妈监督自己，或制作一个警示性标志，提醒自己在规定时间做任务时不要开小差、搞小动作，逐渐改掉做事不专注的坏习惯。

3 用一些简单且有固定规律的任务来锻炼自己的专注力，逐渐缩短完成任务的时间。

我的专注力训练法

专注力训练舒尔特方格

5	25	24	13	22
17	2	9	7	20
16	23	15	3	18
11	10	21	12	1
4	19	8	14	6

★ 方法
· 按顺序数出 1~25
· 并指出数的位置
· 计时所用时间

★ 标准
· 初阶：160~120 秒
· 中阶：120~90 秒
· 高阶：90~30 秒

做事太慢，你需要预设完成时间

　　托托写作业超级慢，总不能在睡前把作业写完。妈妈取消了他玩电脑、看动画片的时间，让他推掉了小伙伴的游戏邀请，一回家就先写作业。可结果还是一样，作业总要写到半夜三更。爸爸认为托托不是时间不够用，而是时间把握得不好，于是要求他在 1 小时内必须把作业写完，之后想干什么就干什么。要是没能在规定时间内写完，就 3 天不能玩游戏。

　　神奇的是，自从有了这个规定，托托的每项作业都能写得飞快。"哇！好神奇，我的作业量也没变少，但时间一到，我就写完了。原来预设完成时间这么有用呀！"

一起来找找原因吧！

1. 对时间没概念，不知道"5分钟""2小时"具体是多久，能做些什么。

2. 没有预设完成时间，总觉得时间还很多，没有紧迫感。

3. 平时疏于练习写字和做题，导致写字生疏，思考、计算速度慢。

4. 上课没听懂，被作业难住了，耽误了很多时间。

5. 完美主义，不把一个字写到十分漂亮，就写了擦，擦了写，一道题检查十遍，浪费时间。

作业完成不了，容易堆积任务量

占据娱乐的时间，不能劳逸结合

写完作业已经很晚了，导致睡觉时间缩短

不能做到今日事今日毕，日积月累，成绩跟不上

做事慢的后果

给自己设置个时间，别让自己变成"蜗牛"。

秒变时间管理小能手

1 如果不清楚自己做事慢的原因，可以求助爸爸妈妈，找出原因，然后有针对性地改变这种情况。

2 买个带秒针的电子钟，滴嗒声会时刻提醒你时间的流逝。每做完一件事看看钟表，能清晰认知做某事需要多长时间。

3 严格固定写作业时间段，比如固定在放学后或晚饭后。还要固定做作业的时长，如1小时，这样才能有紧迫感。

4 劳逸结合要有度，休息时间可设置为5到10分钟，切勿设置时间过长，甚至超过写作业的预设时间。

我的时间规划表

项目	时间安排	完成情况
整理笔记		
复习		
数学作业		
吃饭		
语文作业		

注：每项任务根据实际情况自行安排时间，并在完成后根据完成情况打卡。

粗心马虎，会降低你的学习效率

这么简单的题你都能做错，太粗心马虎了。就算再着急看电视，写作业也应该全神贯注。

小拓放学回家后就想开电视看动画片。妈妈让他写完作业再看动画片。小拓发现离播动画片的时间还有半小时，就连忙回到房间写作业。

小拓写一会儿作业，就抬头看看时间。随着动画片播放时间的临近，小拓写作业的速度越来越快，终于赶在动画片开演之前写完了作业。他丢下笔，跑到客厅，打开电视就看起来。

妈妈来到小拓的房间，拿起作业检查起来。结果发现连一些很简单的题目小拓都答错了，而且字迹潦草。妈妈拿着作业本对他说："小拓，这么简单的题你都能做错，太粗心马虎了。就算再着急看电视，写作业也应该全神贯注。"

一起来找找原因吧！

1. 急性子，做事情图快，写作业或者考试时总是急急忙忙，导致出错，降低学习效率。

2. 注意力不集中，学习总是处于一心二用的状态，认知活动的有效性和准确性降低。

3. 心理压力大，一到考试就紧张，害怕达不到爸爸妈妈和老师的期望，不能专注考试。

4. 缺乏责任感，对自己不感兴趣的事情满不在乎，导致错误百出。

◆ 可能会导致返工，完成事项的时间延长

◆ 时间久了，会怀疑自己的能力，影响自信心和情绪稳定性

粗心马虎的后果

◆ 因错漏百出，可能被同学嘲笑，影响人际关系

◆ 错误率变高，影响学习成绩

◆ 可能会增加完成任务的难度，影响未来的发展

细心的好处

◆ 让人沉着冷静地做事
◆ 很少出差错
◆ 考虑问题全面
◆ 锻炼多向思维
◆ 培养责任心

 # 秒变时间管理小能手

1 多做手工或者做需要细心才能完成的事情，如练书法、走迷宫等。

2 和细心的同学交朋友，学习他们做事的方法。

3 在一张纸上写上自我提醒的句子，贴在醒目的地方，如书桌上或墙上，时刻提醒自己注意粗心的毛病。

4 培养自己的学习兴趣，比如攻克一道难题，给自己一些小奖励，让自己有成就感，感受到学习的快乐。

我的专注力训练法

训练法一：色彩训练法

从中找出跟其他颜色不一样的颜色。

训练法二：念颜色

看一看，读出每个字对应的颜色。

绿红黄蓝紫　红蓝黄紫黑

黑红蓝绿紫　绿白蓝红黄

黄黑红绿黄　绿黑白红黄

做事没条理，费时又费力

周六的上午，晓旭在家写作业，写了一会儿，好朋友小欢打电话约她下楼玩一会儿。晓旭马上下楼跟好朋友开心地玩起来，不知不觉就过了一个小时。

晓旭回到家中，坐到书桌前刚写了一会儿作业，又想起体育课跳绳练习没过关，于是又到楼下跳起了绳。刚跳了10分钟，晓旭又觉得累了，于是匆匆忙忙收起跳绳，回家写作业了。

结果她刚写了10分钟语文，突然想先写数学，于是又开始写数学，不一会儿又换成背英语单词……就这样，晓旭想一出是一出，东忙一下，西忙一下，时间不知不觉溜走了。晓旭烦恼极了，自己明明忙了一上午，作业却没完成多少。

1. 年龄小，逻辑性差，不知道先做什么后做什么。

2. 没有提前进行清晰的计划安排，做事全凭心血来潮，自然缺乏条理性。

3. 同时有多件事情需要处理，思绪总被扰乱，易造成条理混乱。

4. 以前没有自主安排过时间，对复杂的事情无从下手。

5. 不清楚如何协调时间，各项任务交错，变得复杂混乱。

6. 对有难度的任务潜意识中存在排斥或逃避心理，于是去做其他事，失去条理性。

做事无章法，没有明确的顺序和步骤，更容易出差错

注意力从几件事情中进进出出，无法进入状态，效率低

没有一项作业完结，没有成就感，不能激励自己继续学习，逐渐失去学习动力

思路总被打断，会导致浮躁、焦虑情绪出现

做事没条理的后果

做事没有计划和条理，走多少路都不能到达目的地。

 秒变时间管理小能手

1 事先做好计划，如什么时候玩，什么时候学；作业先做什么，后做什么。做出有条理的安排，可以有效节省时间。

2 学习时，和朋友协调好游戏时间，避免彼此打扰，更专注省时。

3 玩乐时间和学习时间可以穿插，但不能频繁更换。如写 1 小时作业，下楼玩 20 分钟，形成规律。

4 分类安排学习任务，抄写类、背诵朗读类、思考类作业分别安排在不同的时间段，更容易状态在线，高效省时。

我的任务优先级

自己预设的顺序

父母帮助调整后的顺序

优先度

高

低

边学边玩坏习惯，吃掉我的时间

　　晓兰今年上三年级了，每天晚上写作业时，总是开着电视，吃着零食，腿上还摆着布娃娃。写两个字就抬头看两眼电视，看到精彩处还要跟着节目跳一曲。时不时还要摆弄两下布娃娃，每天写作业都要花费两三个小时。

　　妈妈觉得晓兰一心多用的习惯很不好，等到高年级学习任务重了，可能就应付不来了。于是让她每天专心练字10分钟，锻炼她的专注力。不久，晓兰果然变得专注耐心了很多，学会了在写作业前先关掉电视、清理掉无关的东西，就连写作业的时间也大大缩短了。

1.没有严格区分作业时间和玩乐时间，因而总想边学边玩。

2.动画片的时间和写作业的时间"撞车"，为了不耽误看动画片，只好边学边玩。

3.自由时间不够，做完老师布置的作业，爸妈还会布置其他作业，觉得不如边学边玩。

4.作业太多、太难，做作业时间太长，觉得边学边玩才能坚持下去。

分散注意力

边学边玩的后果

增加压力和焦虑感

难以集中精力写作业

学习效率降低

写作业时间变长

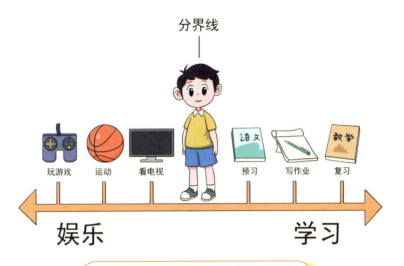

给学习和娱乐时间划分界线。

 秒变时间管理小能手

1 给学习时间、娱乐时间制定严格的分界线，并且要保证它们绝不会"撞车"。

2 和朋友制作共同的时间表，约好几点出去玩，不在学习时间段上门找人，以免彼此打扰。

3 和老师探讨，弄清作业难度和自己的知识漏洞在哪里，做作业时专心攻克，更省时间。

4 多参加一些体育运动或需要专注力的活动，帮助自己锻炼专注力，纠正边学边玩的毛病。

周末时间安排

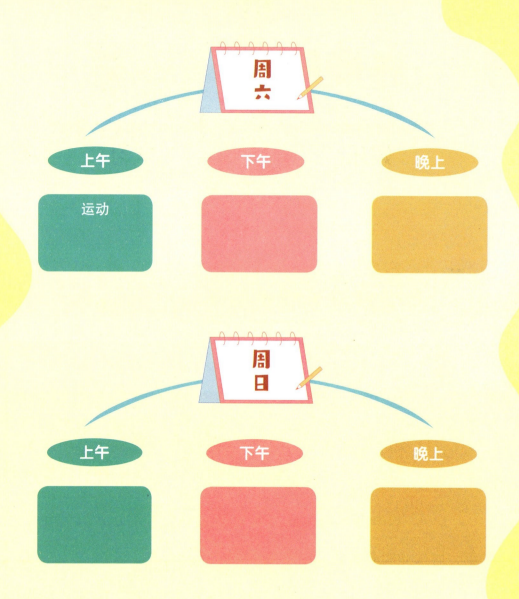

周六

上午	下午	晚上
运动		

周日

上午	下午	晚上

备注：根据自己的实际情况安排周末的时间。

总是丢三落四，浪费了太多时间

你看看你，天天丢三落四，时间都浪费在找东西上了。

放学回家后，松松立刻拿出作业写了起来。写着写着，突然发现自己的橡皮不见了，他喊道："妈妈，我的橡皮不见了。"妈妈帮他在地上找到了橡皮。不一会儿，他又发现尺子不见了，不禁自言自语道："尺子呢？明明放在铅笔盒里了。"后来妈妈发现尺子被他夹在课本里了。过了5分钟，松松又找不到字典了，他在书包里翻了半天也没有找到。"我的字典呢？不会忘在学校了吧！"于是他又让妈妈给小新打电话借一下字典。

妈妈发火了："你看看你，天天丢三落四，时间都浪费在找东西上了。你做作业前就不能把东西都准备齐，放到固定的位置吗？"松松觉得妈妈说的有道理，有些不好意思。

1. 随心所欲惯了，不会特别注意早上、写作业前、睡前需要提前准备哪些东西。

2. 自主能力差，准备东西和时间安排都是爸妈在做，自己根本不知道要做什么。

3. 可能故意丢三落四，如忘带作业本，来为自己不想做作业找借口。

◆ 上学前落东西，再回去取东西，容易导致迟到

◆ 经常丢三落四，影响周围人对自己的信任

丢三落四的后果

◆ 忘带作业或课本，影响学习效果

◆ 上学时丢三落四，需要家人送东西，耽误他人时间

◆ 写作业时丢三落四，容易养成磨蹭的坏习惯

◎ 文具在笔筒　　　　◎ 课外书在书架

◎ 衣服在衣柜　　　　◎ 睡前整理书包

物品有秩序，行动有条理，我的时间变多了。

秒变时间管理小能手

1 准备提示板，上面列明写作业前应准备的东西，并注意核对，节省时间。

2 每天自己整理房间、整理书包、准备文具等，通过整理节省时间。

3 将东西放在固定的地方：钥匙放在门口鞋柜上，红领巾和校服挂在衣架上，写作业时文具放在右手边、闹钟和水放在左手边，下一科目的作业放在阅读架上。不管要用什么东西都不用再找，更省时间。

写作业前的准备清单

- [ ] 上厕所

- [ ] 准备一杯水

- [ ] 准备好纸、笔

- [ ] 对照作业单准备抄词本、作文纸

- [ ]

- [ ]

- [ ]

- [ ]

心总静不下来，大把时间浪费了

　　放学回家后，宁宁在自己的房间里写作业，可旁边的平板电脑总是信息不断，"嘀嘀"地响个不停。宁宁心神不定，一会儿看一下平板电脑，作业都写不下去了，于是他赶紧关上平板电脑，坐到桌前。

　　他刚静下心来，奶奶来送水果，叮嘱他快点吃。过了一会儿，爸爸又进来找东西。不久，隔壁响起了练琴声，还有楼下的吵架声，以及楼上的饭菜香，这些都让宁宁始终不能静下心来好好写作业。

　　要吃饭了，妈妈进来叫宁宁，看到他作业只写了两页，就问："还没写完吗？今天怎么啦，你平时写作业很专心的。""对不起，妈妈，我总是静不下心来。"宁宁感到非常抱歉。

一起来找找原因吧！

1. 房间里有太多干扰自己学习的物品，如平板电脑、造型新奇的橡皮、带香味的笔等，无意识地摆弄它们，会浪费很多时间。

2. 心不在焉，还想着昨天的动画片、游戏、同学戴的电子手表等，这些会让我们做事效率降低，浪费掉大把时间。

3. 准备不充分，如写作业前没有上厕所、没有喝水等，使我们频繁离开书桌，一直不能专心写作业，让时间白白溜走了。

4. 有人频繁进出房间、噪声和气味的干扰等，都会让我们无法专心。

心浮气躁，字迹一塌糊涂，且容易出现失误，错题变多

不能按时完成作业，时间长了，容易养成做事拖拉的坏习惯

注意力无法集中，导致课上不能认真听讲，小动作变多，学习成绩逐渐下滑

容易产生压力和焦虑等不良情绪，影响身心健康

心静不下来的后果

每天 5 分钟，"玩" 出专注力

◆ 针对性训练，有助于五大能力提升

◆ 熟练掌握五大能力，有效提高学习效率

秒变时间管理小能手

1 把能干扰自己的平板电脑、手机等电子设备拿出房间，笔和橡皮等学习用品都换成普通款，以免自己分神。

2 制定好非打扰时间段，请家人不要在这个时间段进房间。如果外面有噪声，就戴上耳机。

3 写作业前做好准备，如先上厕所、将水杯倒满水等，以免写作业时被打断。

4 写作业前可以先冷静几分钟，闭上双眼深呼吸，慢慢放松，回想一下当天所学的知识，再开始写作业。

写作业前习惯表

序号	事项	完成情况	
1	上厕所	完成 ☐	未完成 ☐
2		完成 ☐	未完成 ☐
3		完成 ☐	未完成 ☐
4		完成 ☐	未完成 ☐
5		完成 ☐	未完成 ☐
6		完成 ☐	未完成 ☐

注：请根据自己的习惯填写并在写作业前检查这些事项是否完成，完成的画"√"，未完成的画"×"并立刻去完成。

进入忘我的状态，学习更高效

星期六一大早，欣欣拿起画笔，坐在画布前，开始画自己构思了几天的画。她兴奋极了，一点也不想停下来，直到整幅画渐渐呈现出想要的样子。这时，妈妈端着一盘水果走过来，说："歇一下吧，都画两个小时了！"欣欣惊讶地说："啊，两个小时了吗？我感觉才几分钟啊。"

下午上完科技课和网球课，欣欣打算明天出去玩。于是她收拾准备了一下，就拿出数学习题集，专心致志地写起来。她头不抬手不停，30分钟就写完了。

晚饭时，她兴奋地对妈妈说："我今天进入了忘我的状态，感觉超级棒，简直停不下笔。"

一起来找找原因吧!

1. 充分的运动让思维更活跃,提前的构思或收拾准备可以让心静下来,更容易沉浸其中,从而效率更高。

2. 对写哪项作业、什么时候写完有明确的计划和目标,做事有条理,自然能节省时间。

3. 作业的难度适合,在能力范围内,使人更容易沉浸其中,做事效率更高。

4. 学习任务有一定难度,完成后能感觉到自我成长,很有成就感,更愿意在学习方面花时间。

改善心理健康

增强创造力

提高学习效率

增强身体健康

进入忘我状态的好处

进入忘我状态的标志

◆ 感觉不到时间的流逝
◆ 听不到他人的进出声和轻声呼唤
◆ 高度兴奋感和充实感
◆ 完全投入，不愿被打扰

进入忘我状态，几小时仿佛只是几分钟。

秒变时间管理小能手

1 和老师一起梳理自己的学习进度，找到学习的"舒适区"，使自己更容易专注，进入忘我状态。

2 先做擅长的作业，可以将我们带入良好的状态中，不仅节省时间，还可以突破那些必须做而不擅长的题，得到成长。

3 每次感觉"状态超级好"时，及时回顾当时的想法，不断营造这种状态，能让我们提高学习的兴趣，更高效省时。

我的学习规划表

准备工作	备注		
梳理学习进度，找到发展区			
明确当天学习目标			
做好任务计划并确定先后顺序			
大致确定好每科学习时间	科目		
	时间		
杂事琐事提前完成			
准备完毕，沉浸其中			

上课不专心听讲，作业时间倍增

　　小纯每天一到家就写作业，却每次都要写很久。妈妈发现，有些题小纯不会做，在这些题上浪费了很多时间。妈妈问为什么会这样，小纯抱怨老师讲课太快了，自己跟不上。

　　妈妈就给小纯的班主任打去了电话，班主任说小纯学习很努力，但总不能专心听课，有时已经讲下一个知识点了，她还在分心记笔记，这样很难跟上老师的思路，会漏掉很多重点知识，还说她的笔记很完整，但太琐碎了，完全没有重点。

　　妈妈知道原因后就告诉小纯，可以进行课前预习，并把重点和疑难点标出来，带着疑问去听课，尽量先跟上老师的讲课思路，不着急做笔记。果然，两个月后小纯就有了很大进步。

1. 不善于听讲，抓不住老师讲课的重点，错过了掌握重要知识点的时机，导致课后写作业费时费力。

2. 听课和记笔记冲突时，优先记笔记，随后又不复习和整理笔记，以至于不能消化所学的知识，再运用时就需要大量时间去理解。

3. 不会的问题没有及时提问，导致问题越积越多，写作业的难度也就越来越大，所用的时间也就越来越长。

抓不到课堂重点

上课不专心的危害

知识学不会，做作业时间长

听课效率低下，疑点、难点变多

成绩垫底

自信心受打击，影响身心健康

上课认真听讲

+

重点内容记笔记

≠

学好知识

秒变时间管理小能手

1 学会预习，找到自己的疑点，带着疑点听课，课堂重点、难点就不会错过了，也会更专心，效率自然更高。

2 听课和做笔记冲突时，优先听课，跟着老师的思路来理解和消化知识点，笔记可以课后补，不过多占用课堂时间。

3 没弄懂的知识点，及时提问，争取在学校将每日所学的知识都弄懂，这样做起作业来更轻松省时。

4 及时整理笔记和复习，通过梳理可以加深印象，及时查缺补漏，这样疑难点不堆积，做作业时更省时省力。

我的听课方法

三色笔记录法

司马光砸缸

表现出着急的语气　　失足

群儿戏于庭①，一儿登瓮②，足跌没水中。众皆③

离开

弃去，光④持石击瓮破之，水迸⑤，儿得活。

临危不惧
冷静思考

* 铅笔：画出疑问，随堂解决。

* 红笔：标注疑难字词、字义。

* 蓝笔：做旁批。

注：三色笔根据自己的习惯可以改变，不是唯一的。

用好黄金时间段，学习事半功倍

　　小灵是个数学小能手，每次都能拿高分。无奈她却一点儿都不擅长记忆，无论是古文还是英语单词都要花很长时间才能记住，并且第二天还会忘得七零八落。

　　一天晚上，她试着背诵一篇古文，但一直到 9 点也没背下来，还不小心睡着了，只好第二天一早接着背，却没想到这次的内容她居然一个字都没忘。有了这次经验后，小灵调整了完成作业的顺序，把最拿手的数学换到了下午 5 点左右，记忆类作业换到了晚上 8~9 点，早上再加强一遍。

　　从此之后，小灵不管记什么知识都能记得牢牢的，作业时间也省下来一大半，语文、英语成绩也提升了很多。

一起来找找原因吧！

1. 不了解大脑的黄金时间段，正在进行的活动与大脑活动规律不契合，如晚上8~9点是记忆高峰期，却用来做数学题，很难出成效。

2. 将所有黄金时间都用在擅长的科目，不擅长的科目分配不到最佳时间，弱科越来越差。

3. 将所有黄金时间段都分配给不擅长的科目，没有突出优势，没有成就感，学习兴趣被磨灭，浪费时间且无成效。

4. 在大脑的黄金时间段，如上午8~10点，昏昏欲睡、磨蹭或做琐碎事，却在大脑的疲劳期，如中午和傍晚强学硬背，效率低下，浪费时间。

在大脑疲劳期勉强做事，容易事倍功半，大脑过度疲劳，还会影响身体健康

学习科目不符合大脑活动规律，可能导致偏科严重

不能有效利用专注力

没用好黄金时间段的危害

清晨起床后：大脑思维清晰活跃，想象力丰富，适合记忆、作文

上午 8~10 点：大脑活动严谨周密，思考、逻辑能力最佳，适合挑战高难度的任务

下午 3~5 点：大脑活跃，适合复习、整理笔记、做简单作业

晚上 8~9 点半：记忆力最强，记忆效率最高，此时记的知识不易遗忘

 ## 秒变时间管理小能手

1 根据大脑活动规律做安排：早上可以构思作文或背单词；上午专心听课，认真思考；下午整理笔记、复习所学的知识；晚上背诵。这样，时间、精力省下一大半。

2 在大脑疲劳期，要注意休息，劳逸结合更高效省时。

3 在黄金时间段，如果各项作业"撞车"，首先处理不擅长的，擅长的科目在非黄金时间段也能做好。

4 根据自己的学习状况分配各科在黄金时间段的占比，做到既平衡又有单项优势，增强成就感。

我的时间分配图

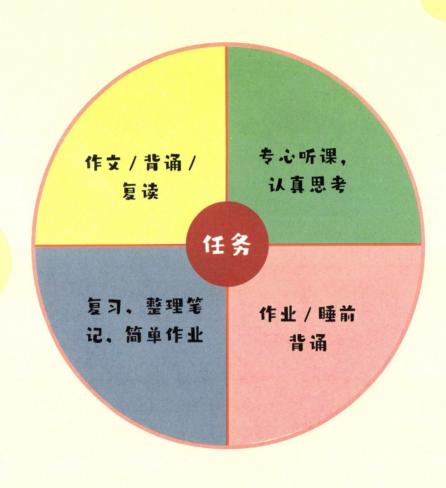

作文 / 背诵 / 复读

专心听课，认真思考

任务

复习、整理笔记、简单作业

作业 / 睡前背诵

黄金时间段

6~7 点

15~17 点

8~10 点

20~21 点

作业分类不合理，时间多花一大半

　　佳佳上六年级了，面对繁重的作业任务，她每天都要写到很晚，学习之外更是一点时间都没有了。但好朋友小聪却有很多玩乐时间，成绩也很好。

　　佳佳开始怀疑自己是不是太笨了。一次跟小聪聊天时，佳佳说起自己的烦恼，小聪问她的作业顺序是怎样的。佳佳说："先背课文，再写作文，然后背英语，最后是数学题。真想每天多出几个小时，来解决那一大堆作业呀！"

　　小聪告诉佳佳她的问题在于作业分类不合理，很多碎片时间都没利用起来。如果能把作业重新分类，肯定能提高效率，时间就能省出很多。

一起来找找原因吧！

1. 在大脑思维最敏捷的黄金时间段，用来做抄写、背诵等简单的作业，时间利用率低。

2. 在大脑疲劳期，却还得应付难度很大的数学，效率低且拖长写作业的时间，造成睡眠不足。

3. 不熟悉大脑的记忆规律，死记硬背，效果差。

◆ 思考类作业不能集中进行，丧失深度思考能力

◆ 作业分类不合理，时间被切得太碎，难以对知识形成整体性理解

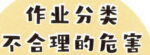 

作业分类不合理的危害

◆ 长时间进行记忆背诵类作业，损伤大脑，使大脑变得僵硬、迟钝、机械化

◆ 抄写等简单作业占据大脑的黄金时间，造成时间、脑力的浪费

◆ 简单机械作业用时过长，影响大脑的认知理解力、思考力、领悟力、想象力等

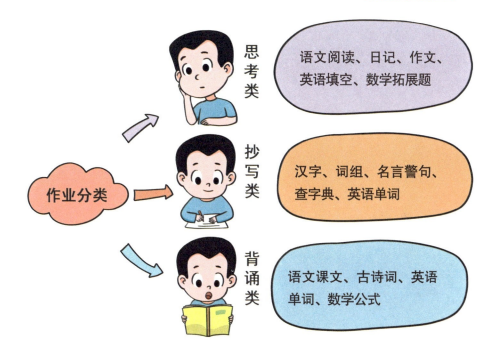

思考类 —— 语文阅读、日记、作文、英语填空、数学拓展题

作业分类 —— 抄写类 —— 汉字、词组、名言警句、查字典、英语单词

背诵类 —— 语文课文、古诗词、英语单词、数学公式

 秒变时间管理小能手

1 抄写类作业，对专注力要求不高，可以利用碎片时间，如在放学后等家长时或饭前饭后完成，不占用大块作业时间。

2 朗读、背诵类作业，可以先朗读 3 ~ 5 遍，读顺后用录音设备录下来，然后在放学路上、洗澡时间、睡前整理准备时间等反复播放，强化记忆，不专门占用写作业的时间。

3 数学、阅读、作文等思考类作业，要安排在精力最充沛的安静时间段，并集中注意力，保证认真思考、专心写作业，提高效率。

不同类型作业时间安排

类型	作业	时长
阅读		
抄写类		
背诵		
试卷		

备注：1 格表示 10 分钟，可以根据自身情况涂色。

听话只听一半，做事就会浪费时间

晚饭后，小逸坐在沙发上看动画片，妈妈在厨房做家务。过了一会儿，妈妈在厨房喊小逸："小逸，帮妈妈拿一下拖布，把它浸湿再稍微甩干。"小逸看电视看得入神，只听到了妈妈让他拿拖布，于是快速跑到卫生间拿来了干拖布。妈妈一看是干的，问道："干拖布怎么拖地呢？"小逸赶紧跑去把拖布浸湿，又拿了回来。妈妈又说："拖布水淋淋的，怎么用？"小逸又跑回卫生间将拖把放进甩干桶转了几下，拿回来给妈妈。

妈妈生气地说："拿个拖布，你跑了三趟，这得浪费多少时间！为什么你每次听话就只听一半呢？就不能好好听我说话，一次性把事情做好吗？"

一起来找找原因吧！

1. 可能由于我们的注意力持续时间较短，在别人说话时，不能全神贯注地听对方说什么，导致听别人说话只听到一半。

2. 当别人说另外一件事，我们的注意力可能还停留在上一件事上，没有及时转移，导致我们不能听全别人说的话。

3. 性格急躁，想立刻完成要做的事，以便于做自己想做的事，为了提高速度，可能出现听话只听一半就行动的情况。

听话只听一半的后果

记不住老师交代的事情

完不成作业

学习成绩下降

自我怀疑，自信心受挫

不能全面理解问题

倾听能力不足的表现。

 ## 秒变时间管理小能手

1 在和别人交谈时，眼睛看着对方，可以使自己集中注意力听对方在说什么。

2 让爸爸妈妈帮助自己训练自己听说话的能力，如准备一副扑克牌，让爸爸妈妈发出指令找某张牌，如找出"数字6"，并逐渐增加难度，如找出"红色的数字6"。

3 也可以让爸爸或妈妈小声告诉自己一件事，自己再小声告诉别人，然后检查自己说的是否正确。

我的专注力训练法

迷宫训练法

通过"脑力"练习来发展专注力，让我们在玩的过程中保持专注。

学习状态不对，付出再多也是白费

马上要期末考试了，小玉着急得不得了，她再也不下楼玩了，最喜欢的钢琴、画画也停了下来。除了吃饭、睡觉，她一放学就待在书房，最近更是复习到晚上 11 点才睡。

但她却发现自己的注意力越来越无法集中，上课不停地开小差。有时写着作业，脑中就自动跳出考得一塌糊涂的画面，晚上还会从噩梦中惊醒。她感觉自己的记忆力越来越差，有时脑中一片空白。脾气也越来越差，总找茬和妈妈大吵，气得自己久久不能静下心来学习，耽误了很多时间。

期末考试结束后，小玉的成绩很不理想，她伤心地大哭了一场，自己明明花了好长时间复习，为什么考得这么差呢？

一起来找找原因吧！

1. 面对重大事情，情绪容易紧张，以至于无法专心学习。

2. 总认为将时间全部放在这一件事情上就能万无一失，不懂得劳逸结合，导致神经衰弱，学习效率低。

3. 个人精神不放松，以至于周围的一切都是导火索，稍微有点小动静，就会影响学习状态。

学习状态不对的后果

上课听讲不认真 → 写作业时间变长 → 睡眠质量差 → 记忆力下降 → 压力大、焦虑 → 注意力无法集中 → 上课听讲不认真

疲惫郁闷，效率90%
时间浪费11%

担忧恐惧，效率80%
时间浪费25%

浮躁厌烦，效率70%
时间浪费43%

焦虑急躁，效率60%
时间浪费66%

各种不良情绪，降低效率，浪费时间。

秒变时间管理小能手

1 保证充足的睡眠，不熬夜，以保证第二天的状态。

2 可以把烦恼、气愤的事写到日记中，一旦写下来，情绪宣泄出去，状态就会慢慢变好，也就能找回自己的学习节奏。

3 维持自己的节奏，把持续学习的时间控制在 40 分钟之内，使大脑功能一直保持在旺盛状态，更能节约时间。

4 科学复习，考试前可以用提纲法、思维导图法等科学高效的方式提高学习效率，不要盲目增加学习时间。

我的时间规划表

考前时间安排

学习日	时长	完成情况
复习新学知识		
做练习题		
运动		
本学期基础知识点整理		
睡眠		
周末	**时长**	**完成情况**
针对重点想提高的科目进行提纲式复习		
娱乐 / 午饭 / 午休		
翻错题集		
回归课本		
运动		
典型题复习		
睡眠		

不会休息，也会影响学习效率

小西放学后总是先喝点水、吃点水果、听会儿音乐，然后才开始写作业，而且写半个小时作业就休息 10 分钟。妈妈认为小西这样是在浪费时间，就批评小西贪玩。

有一次，妈妈又看见小西在写作业的时间休息，就说："赶紧接着写，一口气写完再休息。"小西很烦恼，跟妈妈解释道："我都写半个小时了！学习时间一长，大脑就累了，必须休息一下效率才更高。"可妈妈根本不听小西解释，还说她找借口。

结果，小西按妈妈的要求去做后，写作业的时间反而延长了，成绩也有所下滑。妈妈这才后悔，给小西道了歉，并保证不再干扰她的学习节奏。

1. 写作业前不休息，没有做好心理上的准备和调整，写作业时就很难进入状态，从而影响学习效率。

2. 长时间写作业，中间不留休息时间，大脑容易陷入疲劳状态，影响专注力。

3. 休息时间过短，达不到缓解疲劳、恢复精力的目的。或休息时间过长，需要重新进入状态，浪费时间。

4. 休息频率过高或过低，专注力不能始终保持良好状态，不能达成省时高效的目的。

5. 休息方式不对，如做太过剧烈的运动，作业和休息不能形成良好的节奏，浪费时间。

大脑不能及时得到休整，会变得疲劳迟钝

太长时间做同一件事，会产生厌烦情绪

身体疲惫，效率会越来越低

不能形成良好的作息节奏，过度疲劳，透支脑力

不会休息的危害

休息 5 ~ 10 分钟，学习效率会更高！

 秒变时间管理小能手

（**1**） 写作业的间隙要适度休息，但休息时间不宜过长，过长则要重新进行心理调适准备，反而浪费时间，以 5 ~ 10 分钟为宜。

（**2**） 休息频率不宜过高，否则会影响效率和专注力，以 20 ~ 30 分钟休息一次为宜。写作业和休息交替进行，效率更高。

（**3**） 休息时要离开书桌，以消除心理上的紧张感。这样等再次进行学习时，轻松的状态更利于高效完成任务。

55

我的作业、休息时间安排

抄写类作业

20 分钟

散步

5 分钟

背诵课文

25 分钟

远眺或闭目

写作

8 分钟

40 分钟

听音乐

数学难题

20 分钟

节奏不对，学习效率也会降低

　　丽丽计划暑假读完两本课外书。第一天上午，她一口气读了半个小时，读完了15页。丽丽心想："两本书一共才300页，按我这个速度10个小时就能读完。"于是她又读了半个小时，结果却只读了10页，而且感觉有点累，不想再读了。

　　她对妈妈说："妈妈，我一开始用半个小时读了15页，后面半个小时为什么只读了10页呢？"妈妈说："你读书的节奏不对，当然会越读越少了。你可以上午和下午各读半个小时，一直保持这个节奏。"

　　丽丽听从妈妈的建议，之后每天的上午和下午都各读半个小时，每次都能读15页，也不再感觉累了。

1. 急于求成，一下给自己安排了过多的任务量，最后导致没有节奏。

2. 不知道自己的专注力能维持多长时间，不懂得劳逸结合。

3. 计划性不强，总按照别人的要求去做，缺乏系统安排的思维。

4. 做事太慌张，容易造成节奏混乱。

5. 自律性差，没有按计划完成上一项任务，也会导致下一项任务失去节奏。

太长时间做同一件事，会产生厌烦情绪，不能坚持，影响意志力

大脑不能按时休息，变得越来越迟钝

不遵循规律，效率会越来越低，白费时间

做什么事都三分钟热度，不能持之以恒

节奏不对的后果

7小时学习 + 1小时锻炼 > 8小时学习

正确的学习节奏，学习效率更高。

秒变时间管理小能手

1 大脑的左半球主管抽象思维，右半球主管形象思维。可以几件事轮换着做，如阅读一段时间后解数学难题，使大脑的左右半球轮换休息。

2 疲惫时，运动一下或听听音乐，劳逸结合，可以放松神经，缓解大脑疲劳，使大脑恢复活力。

3 多运动、保持良好的睡眠，可以提升大脑的多巴胺分泌水平，使专注力维持更长时间，始终精力充沛。

4 学习、做事时安排好进度，这样才能张弛有度，使大脑始终保持良好的状态。

我的时间规划表

课外阅读安排

平时阅读安排		完成情况
每天阅读时长	10 分钟	
每天阅读页数	5 页	
每月阅读量	150 页 / 本	
假期阅读安排		完成情况
每天阅读时长	20 分钟	
每天阅读页数	10 页	
整个假期阅读量		

小学生高效时间管理

要事要放第一位

张雨彤◎主编

黑龙江科学技术出版社

HEILONGJIANG SCIENCE AND TECHNOLOGY PRESS

图书在版编目（CIP）数据

小学生高效时间管理．要事要放第一位 / 张雨彤主编．-- 哈尔滨：黑龙江科学技术出版社，2024.3
ISBN 978-7-5719-2318-1

Ⅰ．①小… Ⅱ．①张… Ⅲ．①时间－管理－少儿读物
Ⅳ．① C935-49

中国国家版本馆 CIP 数据核字（2024）第 062474 号

小学生高效时间管理．要事要放第一位
XIAOXUESHENG GAOXIAO SHIJIAN GUANLI. YAOSHI YAO FANG DI-YI WEI

张雨彤　主编

项目总监	薛方闻
责任编辑	刘路
插　画	文贤阁
排　版	文贤阁
出　版	黑龙江科学技术出版社
	地址：哈尔滨市南岗区公安街 70-2 号　邮编：150007
	电话：（0451）53642106　传真：（0451）53642143
	网址：www.lkcbs.cn
发　行	新华书店
印　刷	天津泰宇印务有限公司
开　本	710 mm×1000 mm 1/16
印　张	4
字　数	41 千字
版　次	2024 年 3 月第 1 版
印　次	2024 年 3 月第 1 次印刷
书　号	ISBN 978-7-5719-2318-1
定　价	128.00 元（全 6 册）

前言
Contents

　　小朋友们，你们在生活中是不是经常遇到这样的问题：有的时候想要做的事情很多，却总感觉时间不够用；有的时候正沉浸在自己的娱乐中，却被爸爸妈妈告知要立刻结束；有的时候辛辛苦苦付出了很大的努力，却没有达到自己的期望……其实，这都是不擅长时间管理的结果。

　　为了帮助你们学会管理自己的时间，我们编写了这套《小学生高效时间管理》。本套书抓住少年儿童的心理特点和阅读习惯，从生活学习中熟悉的事入手，并通过分析原因、讲解危害，让大家明白时间的价值。文后还附有相应的"秒变时间管理小能手"，教给大家时间管理的方法，使大家能够快速提升时间管理的能力，并建立自己的时间管理策略。

　　本套书图文并茂，内容生动，相信通过阅读本书，大家可以理解时间的重要性，并通过不断磨炼时间管理的技巧，掌控自己的时间，更好地安排自己的学习和生活，掌握生活的主动权，每天都能过得充实而有意义。

目录 Contents

眉毛胡子一把抓是不行的

到了周日，本来是特别值得开心的日子，小虎信心满满地想早点写完作业去打球，却忙得焦头烂额。

他先去写数学题，琢磨题目的空当又抓起了语文课本去背诵，还没有背熟，数学也没思路，小虎又写起了英语作文。

妈妈看他在那边忙来忙去，唉声叹气，忍不住上前询问。

小虎说："这是我新发明的写作业法，任务这么多，要是几件任务同时进行，岂不是可以加快速度了？"

妈妈看着小虎七零八落的作业，哭笑不得。小虎不明白，自己这样做不对吗？

1. 认为同时做许多事情就能够加快速度，看似时间利用效率很高，实则收获不大。

2. 任务多而没有计划，压力和紧迫感一直伴随着，令我们感到焦虑和紧张。

3. 没有估算每件事情需要多长时间，导致任务相互冲突。

4. 突发事件会打乱我们本来的计划，如果盲目应对，就会导致手忙脚乱。

◆ 精力一次又一次"重启"，做事效率低下，浪费大量的时间

◆ 产生思想负担，加重焦虑感

◆ 怀疑自己，因为完不成任务而自责失望，变得非常不自信

同时做好几件事的危害

◆ 事情堆积得越来越多

◆ 情绪变得不稳定，甚至会影响周围的人

◆ 影响之后的计划和生活节奏

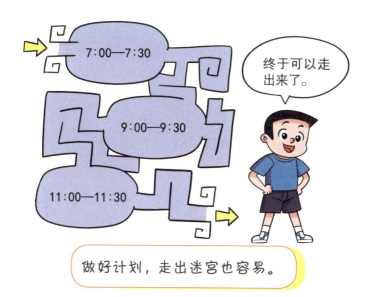

做好计划，走出迷宫也容易。

 秒变时间管理小能手

1 如果需要在有限的时间内完成许多任务，要为每一个任务选择合适的精神状态，才能保证效率。例如，可以在清晨记忆力比较好的时候来进行背诵，而下午比较困倦的时候安排一些娱乐活动。

2 将事情按照重要性、紧急程度、感兴趣的程度等进行排序，然后给不同等级的任务分配合适的时间段和时长。

3 任务虽然很多，但并不意味着都要花费很多时间。我们可以将每件事大概需要的时间预估一下，再设置适宜的时间段来完成，就不会慌乱了。

我的事项计划导图

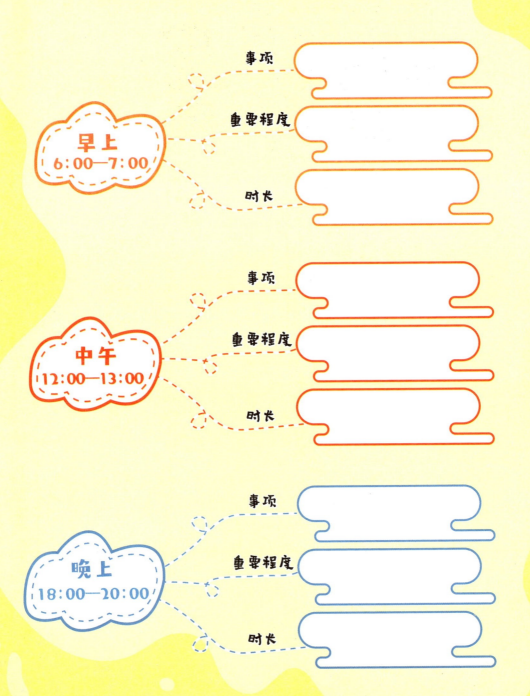

早上
6:00—7:00

事项

重要程度

时长

中午
12:00—13:00

事项

重要程度

时长

晚上
18:00—20:00

事项

重要程度

时长

任务繁重，如何取舍？

　　小风最近当上了班长，实现了他一直以来的梦想。可是他最近的状态却让妈妈很担心。小风每天放学都回来得很晚，安排活动日程、管理同学值日、制作黑板报……这些事让小风在学校里忙得不可开交，回来之后还要写作业、练钢琴。这导致他最近睡眠不足，食欲也特别不好。

　　看见他瘦了一大圈儿，妈妈非常心疼，建议他卸任班长职务，可好强的小风却说自己应付得来。

　　又过了一个多月，在一次体育课过后，小风竟然因为低血糖晕倒了。他这才醒悟，原来因为之前忙，他一直在透支自己的身体。

一起来找找原因吧！

1. 不懂得取舍，在许多琐碎的事情上花费大量的时间，但实际上人不可能完成所有事情。

2. 错误估计了自己的力量，认为只要投入努力，就能把所有事情都做完。

3. 过于好强。明明意识到自己的时间和精力是有限的，但还是不愿意妥协，也不愿意根据实际情况调整自己的目标。

给身体健康
埋下隐患

导致精力不集
中，上课容易
开小差

导致学习
成绩下降

导致疲倦，无
精打采

对所做的事
情失去兴趣
和耐心

不懂得取舍的危害

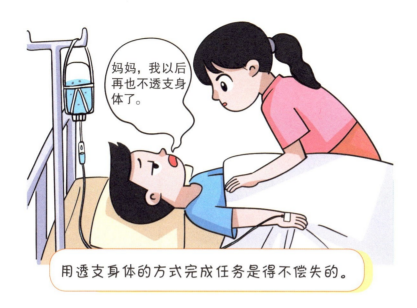

妈妈，我以后再也不透支身体了。

用透支身体的方式完成任务是得不偿失的。

 ## 秒变时间管理小能手

1 时间对每一个人来说都是公平的，不要在一天之内安排过多的事情，要量力而为。

2 明确健康是行动的前提，透支身体长期来看是得不偿失的，要先照顾好身体，这样才能在做事时发挥出更大的能量。

3 做减法。集中精力去完成最重要的一件事或几件事，其他可有可无的事情可以利用零碎时间去做或者舍弃。

4 借力。如果有些事情别人可以代劳，我们可以请求帮助。

我的任务规划

想要完成的事

1. 制作黑板报
2. 整理班级日志
3. 写作业
4. 练琴
5. 玩游戏
......

对要做的事进行排序

1. 制作黑板报
2. 整理班级日志
3. 写作业
4. 练琴
5. 玩游戏
......

估算每件事所需时长

1. 2 个小时
2. 20 分钟
3. 40 分钟
4. 1 个小时
5. 30 分钟
......

舍弃当日完不成的工作

1. 制作黑板报
2. 整理班级日志
3. 写作业
4. 练琴
5. 玩游戏
......

首先完成重要的事情

明明在学校听老师说，适度娱乐可以放松身心，调整心态，更好地面对学习和生活中的挑战，于是每天都开开心心地"照做"——放学后总是先找朋友玩一会儿，回到家后还要看会儿电视以"拓展见闻"。

但是，他总是不自觉地花费太多的时间，在玩乐中简直"乐不思蜀"，这自然占据了他写作业的时间，导致作业总是写得马马虎虎。甚至有好几次，把作业拖延到难以完成的地步。

长期下来，明明的成绩出现了很大滑坡。明明不懂自己为什么按照老师说的去做了，成绩反而下降了。

一起来找找原因吧！

1. 分不清什么重要，什么不重要。有的小朋友会认为玩也很重要，是一种有益身心的放松。

2. 经受不住娱乐活动的诱惑，不自觉地陷入其中，感觉无法自拔。

3. 缺乏完成重要事情的动力和热情，习惯性地先去做自己喜欢的事，不愿意在重要但困难的事上花费时间。

◆ 容易产生焦虑和不安等不良情绪

◆ 导致主业荒废，影响学习和生活

◆ 容易养成拖延的坏习惯

不首先完成重要事情的危害

◆ 学习没有热情，学习效率降低

◆ 感到疲惫和不满足

◆ 失去老师和家长的信任和尊重

玩乐重，还是学业重啊？

 # 秒变时间管理小能手

1 做事情之前，先进行判断，把要事挑出来。我们可以这样问自己：这个事情是否有助于我们学业的提升？这个事情是否与我们的主要目标有关？认真思考这些问题就可以确定哪些任务是最重要的。

2 增强先完成要事的意识。完成要事可以为我们减轻压力和焦虑，以此为前提才能有更高的生活质量。

3 制定优先级列表，为重要的事设定明确的目标，制订时间计划，做的时候避免干扰。

任务优先级划分法

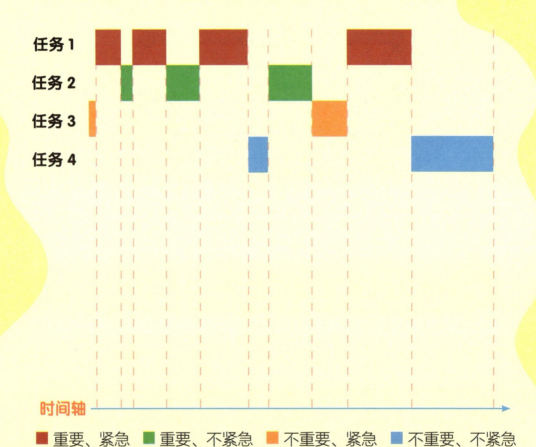

任务1
任务2
任务3
任务4

时间轴

■ 重要、紧急 ■ 重要、不紧急 ■ 不重要、紧急 ■ 不重要、不紧急

你也来试试吧

◆ 在时间轴上标注具体时间

◆ 将任务按照难易程度分类

◆ 重要的优先处理，不紧急且不重要
  的可做弹性处理

学习才是成长路上的主旋律

一直玩耍，才是童年嘛。

暑假时，方方去了一趟乡下的外婆家，这期间，方方整天和朋友们去河边摸鱼，去田野放风筝、抓蝴蝶，玩得不亦乐乎。

开学之后，方方还整天和妈妈嚷嚷着想去外婆家玩，不仅如此，她的学习成绩也受到了影响。妈妈被吵得不耐烦了，反问道："方方，你知道小孩子目前最重要的是什么吗？"

"当然是快乐啊！"方方义正词严地说道，"妈妈，我现在还是小孩子，不应该有太多压力，追求快乐才是最重要的。"

妈妈听后，语重心长地说："快乐的童年是非常重要，但如果天天想着玩，最后成绩一落千丈，这样的童年还快乐得起来吗？学习才是成长的主旋律啊！"

学习是我们目前生活中的主旋律，有了主旋律，其他副旋律才会动听，是什么原因让方方忽视了自己的学习和成长呢？

1. 方方误认为快乐的童年就是完全不要学业压力的童年，把两者看成相互对立的。

2. 没有对学习产生足够的兴趣，也没有把学习当作最重要的事情。对于尚且年幼的方方来说，学习可能是枯燥无味的，更关注玩耍和娱乐。

3. 不知道为什么要学习，以及不清楚学习的内容有什么实际用途，没有足够的动力去努力学习。

4. 没有养成良好的学习习惯。

◆ 在与学习无关的事情上浪费了太多的时间

◆ 学习成绩受到影响，无法掌握重要的知识和技能

贪玩而忘记学习的危害

◆ 学习不深入，养成浅尝辄止的坏习惯

◆ 失去对自己的信心，觉得自己在学习方面无能

◆ 影响未来在学习和成长方面的长远规划

成绩一落千丈，这样的童年会快乐吗？

 ## 秒变时间管理小能手

1 要明白学习和快乐两者兼得才是真正幸福的童年。学习是实现自己梦想的基础，也是收获幸福童年的基础。

2 培养自己对学习的兴趣，在多种形式的学习内容中，比如音乐、绘画、语言等，发现自己的兴趣爱好。

3 养成良好的时间管理习惯，既能更加规律、更加有效地学习，也可以为自己的娱乐留出充足的时间。

我的暑期计划思维导图

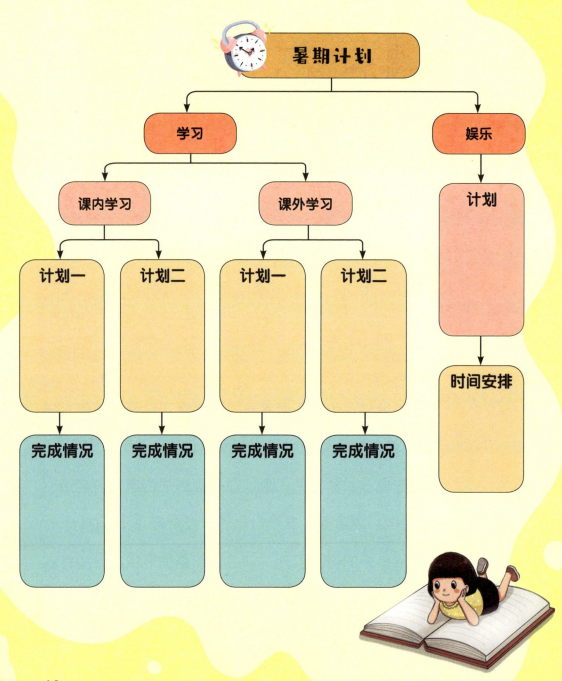

暑期计划

学习　　　　　　　　　娱乐

课内学习　　　课外学习　　　计划

计划一　　计划二　　计划一　　计划二　　时间安排

完成情况　　完成情况　　完成情况　　完成情况

用 ABC 排序法提升学习效率

老师今天布置了很多作业，小米一回到家就开始忙着写起来，可是到了该睡觉的时候也没写完。

妈妈忍不住过来询问。原来，小米在一开始的数学作业上浪费了太多时间，后面的两道大题有点超纲，老师布置为自愿解答，可是他却非攻克不可，在上面花了一个小时的时间，以至于开始写英语卷子的时候已经很晚了。

妈妈突然明白了什么。她拿出一张白纸，在上面画了一个小小的表格，然后让小米把不同的学习任务按照 A、B、C 的等级列好，这就是 ABC 排序法。小米照着妈妈的方法做了一遍，发现一下子就理清了头绪。

1. 写作业的时候，在非重要的项目上花费太多时间，导致头重脚轻。

2. 对作业情况缺乏分析，这个分析包括任务量、难易等级以及所需时间等，是我们制订计划的前提。

3. 没有明确的计划和目标，会让我们盲目地凭感觉去完成作业，感到困惑和迷失方向。

4. 挑战困难值得欣赏，但面对困难的题目因为不理解而无法快速解答，于是在尝试解题的过程中失去了时间。

在不必要的事情上浪费大量的时间

影响学习效率，容易分心，无法专注于手头的事情

导致生活质量下降

导致我们在做事情的时候缺乏主动性和独立性

增加压力和焦虑感

任务不分级、不排序的危害

事项分级慢慢来，才能取得最终胜利。

 ## 秒变时间管理小能手

1 将任务分级。A 级任务指的是非常重要而且紧急的事项，是我们必须处理的事情，大约有 20% 的事项属于此类。B 级任务指的是非常重要但不太紧急的事项，大约占 30%。而 C 级任务是既不重要又不紧急的事项，大约有一半的事项属于这类。

2 分级可以根据时间的变化以及事情的变化灵活调整。并不是一成不变的，要善于在变化中取得平衡。

3 不同分级有不同的时间限制。我们应该用充分的时间和精力去保证 A 级任务顺利进行。B 级和 C 级任务则不需要那么多时间，C 级任务甚至可以作为 A 级任务完成间隙的一种休闲。

ＡＢＣ排序法

A
紧急且重要
写作业　考试复习

B
紧急但不重要
小提琴练习　默写单词

C
不紧急且不重要
玩游戏　和朋友聊天

把要做的事贴在时间轴上（可根据情况调整）

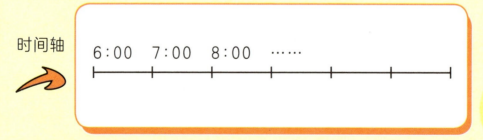

时间轴

6:00　7:00　8:00　……

"要做的"和"想做的"，怎么选?

思思特别想去海洋馆，于是早早地就和爸爸约定好了，爸爸说："等学习任务都完成了，我们就可以去啦！"

到了周末，思思一直用渴望的眼神看着爸爸。爸爸拿起思思的作业一看，还有一多半没有完成。

爸爸知道思思很想去海洋馆，于是语重心长地对她说："如果今天白天不写作业的话，就会熬到很晚，甚至导致作业完不成，明天就会被老师批评，会有一大串连锁反应。可海洋馆什么时候去都可以。你会怎么选择呢？"

思思听了，暗暗明白了些什么。

在故事中，思思没有完成作业就想让爸爸带她去海洋馆，不遵守当时的约定，这是什么原因导致的呢？

1.误认为想做的就是必须做的，她对出去玩的渴望是如此强烈，让她感到非做不可。

2.没有足够的自律性和自我约束力，很难坚持自己的目标和计划，容易受到外界的干扰和诱惑。

3.没有良好的时间管理习惯，可能会把所有的事情都当成必须做的，导致她无法把精力和时间集中在真正需要完成的任务上。

错过重要的机会

不能达成学习或生活中的重要目标

无法集中精力

陷入一种自我冲突的状态，感到无力

会让学习和生活都变得混乱，也无法实现自己的价值

导致身心健康问题

混淆"要做"与"想做"的危害

不要因为做"想做的"，而忽略了"要做的"。

 ## 秒变时间管理小能手

1 提前为学习和外出做好计划，为自己的娱乐项目留出合适的时间。

2 在"想做的"与"要做的"事情发生冲突的时候，以"要做的"事情为先，因为这两件事情要付出的成本是不一样的，要做的事不做的话可能就会错过最佳的时间段，造成严重的后果。

3 我们目前年纪比较小，生活经验不足，可以寻求父母的帮助，在他们的建议下厘清哪些事情必须做，哪些事情不着急做，以及如何将不重要的事情协调到合适的位置上。

事项分类法

 一起来列一列吧

要做的事

做作业

参加兴趣班

参加学科竞赛

锻炼身体

想做的事

与朋友玩耍

去海洋馆

阅读课外书

- 明确想做的事，确定什么时间做什么。
- 明确必须做的事，确定完成时间。
- 根据时间顺序，排列任务。
- 有明显冲突的，优先选择必做的事。

重要且紧急的事要立刻去做

　　小寒过于自信，总喜欢把事情留到最后一刻才去做。

　　周五，他收到了学校的一个通知，作为优秀班干部，他需要在周一全校师生的升旗仪式上进行"国旗下的演讲"。这对于学校来说非常重要，而且准备时间比较短。可是，周末这两天，小寒忙着写作业、上兴趣班、打篮球等，一直没准备演讲稿。小寒觉得周日晚上再写也来得及。

　　可是到了周日晚上，小寒却没什么思路，他开始有点着急了，于是打电话问老师该怎么办。和老师沟通完，他才发现原来演讲需要做这么多准备，所以他忙到后半夜才完成，第二天带着黑眼圈去学校了。

1. 畏难，重要而紧急的事情往往令我们感到压力很大，需要很强的专注力才能完成。有许多同学意识到这点之后，害怕面对失败而不敢开始。

2. 对于任务的步骤、要求和目标不太清楚，就可能会浪费时间在无关紧要的地方，或者在错误的道路上做无用功。

3. 过于自信，认为自己一定能轻松完成，低估任务的难度，从而在执行的过程中遇到意想不到的挑战。

一味拖延，导致效率低下

没有合理安排主次，造成时间和精力的浪费

后面的事情受到影响，造成一系列恶劣反应

影响自己的形象，失去老师或家长的信任

导致任务延误或失败

自信心受挫

拖延紧要事情的危害

压力好大，一点都不想去做。

 ## 秒变时间管理小能手

1 保持冷静，从容应对，面对重要且紧急的事不能自乱阵脚，要马上思考有助于解决问题的关键点有哪几个。

2 马上行动起来，设计出初步的行动方案。即使是没有想到最好的策略，也要在行动中寻找。

3 平时做事的时候学会预留时间，在事情的间隙留下一些灵活的时间，这样一旦有重要且紧急的事情出现，也不耽误事。

四象限法则

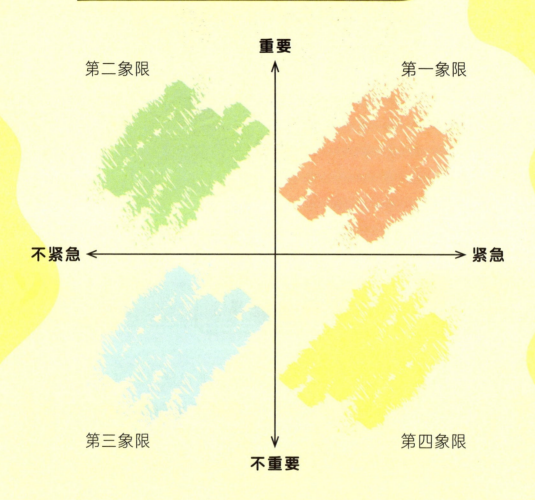

第一象限：重要且紧急的事情，要优先处理

第二象限：重要但不紧急的事情，要未雨绸缪

第三象限：不重要也不紧急的事情，要避免发生

第四象限：紧急但不重要的事情，要尽量减少

重要但不紧急的事如何处理?

要是提前做准备就好了。

一场重要的考试正在进行,教室里一片肃静。可是轩轩身体发抖,手心出汗,大脑一片空白。他不知道该怎么做,感到非常绝望。

原来,老师在两个月前就已经通知了这场考试的日期,轩轩明知道这次考试很重要,但是他没有提前做准备。他认为自己完全能够依靠自己的聪明才智来应对考试。可是拿到试卷却傻眼了,有许多题目都是自己从来没见过的。

考试结束后,轩轩感到非常沮丧。他意识到自己犯了一个严重的错误:没有提前做准备,这让他在考试中失去了自信和冷静。最终,他的成绩并不理想。

29

1. 太过自信而忽略准备，我们以为自己已经掌握了足够的知识，这种轻视往往会导致我们不屑于做准备。这种自信虽然有时可以让我们超常发挥，但也有可能导致我们过于放松，忽略了一些重要的细节，最终导致失败。

2. 因为拖延症而错过准备的机会，想着先玩一阵子再说，这种心态导致在关键时刻没有做好充分的准备。

3. 在面对繁重任务的时候，缺乏计划而无法进行准备，觉得无从下手，不知道应该做什么。

◆ 匆忙应对，没有找到正确的方法

◆ 重要的事遭遇失败

◆ 影响自信心，感到不安和紧张

要事没有提前准备的危害

◆ 导致我们在关键时刻表现得很糟糕

◆ 浪费时间和资源

◆ 错过重要的机会

越是重要的事，越要早做准备。

 秒变时间管理小能手

1 提前规划，从容安排。遇到重要但不紧急的事情可以有一个比较长的准备时期，在不拖延的前提下适度地缓一缓。但是要注意不能拖到最后一刻，因为这时稍微发生一点意外，事情可能就会做不成了。

2 分解任务。重要但不紧急的事情可能需要花费较长时间来完成，我们可以将其分解成若干个小任务，每天或每周完成一部分，这样可以避免任务看起来太过复杂而难以完成。

3 设置提醒。不紧急的事情往往容易忘记，可以设置一些提醒来帮助自己记住。例如设置电话手表提醒或者在日历上标记出任务完成的时间。

我的时间规划表

事务准备表

事项	期末考试	阅读完《西游记》
准备计划		
难点		
重点		
时间安排		
完成情况		
原因分析		
未来期许		

总屈服于诱惑，该如何是好？

　　一天，小明得知了一个消息，他的偶像，一个著名的篮球明星，将在下周来他们学校进行一场讲座。小明非常兴奋，决定参加这次讲座。但是，他同时也知道，他需要在那一周完成一项重要的复习任务，这关系到他的期末考试。

　　小明虽然想专注于复习，但他的心思总是被篮球明星的讲座吸引。每当他应该学习时，都会忍不住想象自己正在和偶像一起打篮球，或者是在讲座上听偶像讲他的精彩故事。小明也知道他应该专注复习，但诱惑让他无法集中精力。

　　他感到非常沮丧，最后既没能轻松认真地去听讲座，期末考试的成绩也不理想。

一起来找找原因吧！

在学习和生活中我们总是会面对许许多多的诱惑，它们像小恶魔一样干扰了我们对自己的美好期望，这是什么原因导致的呢？

1. 小朋友有爱玩的天性，相比于枯燥的学习，放松有趣的娱乐项目更有吸引力。

2. 没有处理好学习与娱乐之间的关系，一味沉迷享乐，不知道学生的主要任务是学习。

3. 没有明确的目标和计划，每天浑浑噩噩，面对诱惑时很容易妥协。

4. 小孩子心理还不成熟，自身素质尚不完善，自控能力差，很容易受外界环境的影响。

◆ 影响整个时间安排，打乱整体步骤

◆ 学习和放松产生冲突，注意力无法集中，既没有玩好也没有学好

◆ 陷入无止境的烦恼和内疚之中

屈服于诱惑的危害

◆ 任务完不成，产生挫败感

◆ 对学习丧失信心，认为自己就是克服不了诱惑的人

影响自控力的因素

◆ 自驱力是自控力的前提，我们只有具备了不断向上的内在动力，才会进行自我控制

◆ 信念感强的人，自信的人，自控力也强

◆ 自身情绪也会影响自控力，消极情绪会使我们的自控力变差

 ## 秒变时间管理小能手

（1）要想成为一个优秀的人，一定要对自己进行制约。可以制订合理的学习计划，并严格执行。若担心自己会被诱惑干扰，可在书桌前贴一些便签，随时提醒自己，完成了计划中的任务才可以娱乐。

（2）若自己在学习的过程中总是屈从于诱惑，也可以对自己施加一些小小的惩罚，比如罚自己不可以看动画片，并请父母监督。

（3）转移注意力。若沉迷游戏，每当想打游戏的时候，可以出去跑跑步、打打羽毛球等。

我的时间规划表

序号	1	2	3
事项	期末复习	数学竞赛	英语演讲
关键目标			
可能遇到的诱惑			
抵御方法			
行动计划			
时间安排			
完成情况			
鼓励自己一下吧!			

要事与急事，如何抉择？

别急露露，我马上到！

　　阳阳放学回家后，突然接到了好朋友露露的电话。露露崴脚了，但家里没有人，她疼得厉害，无法独自走路，想让阳阳陪她去家附近的诊所。阳阳立刻就答应了，虽然老师反复强调了今天留的一张卷子非常重要，关系到期末考试，但是露露的病情不能拖延，阳阳还是决定先去帮助露露再说。

　　陪露露看完病已经是晚上了，阳阳抓紧时间赶作业，但还是没有做完。第二天上学的时候，老师要讲解试卷，阳阳因没做完卷子，受到了老师的严厉批评。阳阳难过极了，流下了委屈的泪水。

1. 没有想到突发状况的出现，使原本的计划被打乱。

2. 没有给自己的学习和生活预留足够的弹性时间，一旦发生冲突，就势必损害其中一方。

3. 沟通不畅，在两件事情发生冲突的时候缺乏有效的沟通，阳阳当时可以跟老师解释一下。

4. 紧急情况出现时，没有和老师或家人商量，也许错过了更好的解决办法。

◆ 不能专注于重要的事情，要事受到影响

◆ 与他人产生误会，损害重要的人际关系

◆ 影响到日常安排与时间管理的信心

不懂得如何抉择的危害

◆ 打击全力以赴做事的积极性

◆ 感到压力巨大，产生紧张、焦虑情绪，不能冷静处理

我该往哪里去啊?

 ### 秒变时间管理小能手

1 明确要事和急事之间的区别，要事通常是与重要目标相关的关键任务，但急事一般是突发事件，需要立即处理。

2 如果无法同时处理要事和急事，可以与老师或者家长进行沟通协调，明确说明情况。

3 制订一个详细的计划，将时间和精力合理分配好。要确保有足够的时间来处理要事，同时又可以灵活地处理急事。

4 如果有条件，急事可以授权给他人处理。如果某些急事经过沟通可以暂时放下，可以稍后再处理。

我的时间规划图

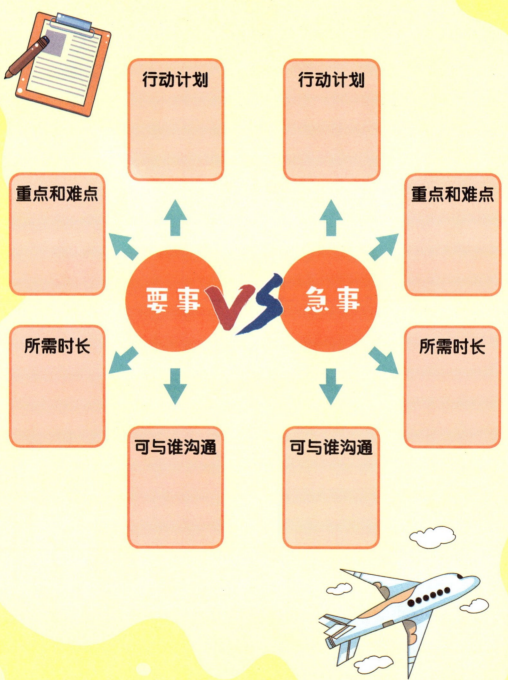

行动计划

行动计划

重点和难点

重点和难点

要事 VS 急事

所需时长

所需时长

可与谁沟通

可与谁沟通

要事与要事之间谁放第一位?

娜娜最近在忙着准备小升初的考试，今天照例收到了各科的试卷，老师要求回家后完成，这个任务非常重要，但娜娜的妈妈最近生病了，非常需要她的照顾。

这两件事都很重要，虽然娜娜不想让老师失望，但也想去医院陪妈妈。于是她每天都是先去医院照顾妈妈，再回家完成作业。到了医院后，娜娜还骗妈妈作业都写完了。

回到家后，尽管她很累，但她仍然努力地写作业，常常写到深夜。由于睡眠不足，娜娜在课堂上经常打盹，学习成绩也受到了很大影响。

一起来找找原因吧！

1. 完成作业和照顾妈妈都很重要，一个是学业，一个是亲情，两件事情无法比较，无法取舍。

2. 重要的事情往往需要大量的时间来完成，而在时间资源有限的情况下，如果同时遇到两件或者多件重要的事就会产生时间上的冲突。

3. 优先级不明确。当多件事都非常重要，无法确定其优先级时，就会产生冲突。

◆ 影响任务的完成质量和效率

◆ 同时做两件要事导致我们身心俱疲

◆ 无从下手，会让我们感到焦虑和压力

处理不好冲突要事的危害

◆ 难以完全兼顾，处理不好至少会导致一件要事受影响

◆ 对自我能力产生怀疑，甚至对未来缺乏信心

对自己产生消极评价，伴随无力感、抑郁感

如果经常出现这种情况，会对生活和学业产生倦怠

凡事都有限度，超过承受临界点会让人焦躁不安

过度耗损精力会让我们缺乏活力和热情

超负荷处理事务有危害！

 秒变时间管理小能手

1 对任务进行评估。从要事的重要性、紧急程度以及自己的能力等方面进行综合评估，确定哪个任务是最重要的。

2 制订详细的时间计划。将每个任务分解成若干个小目标，并安排好每个小目标的完成时间。

3 寻求帮助和支持，比如与老师、家人或朋友沟通，共同探讨解决方案。

我的时间规划表

冲突事项管理表		
事项序号	1	2
事项		
协调方法		
协调目标	协调重点	具体计划
规划与效果		
时间安排	所需时长	完成情况

苛求完美也是错？

　　小丹是学校里有名的数学"学霸"，同学们都很羡慕她。

　　一次，小丹参加了一场国际数学竞赛，但是由于紧张，她没有发挥出自己的最佳水平，没有取得名次，小丹非常伤心，认为自己完美主义的标准被打破了。于是，她取消了自己在课外的所有娱乐时间，吃饭时、走路时、睡觉前都在温习数学题，并且整天生活在愁闷当中，就憋着一股劲儿，想要在下次竞赛中"雪耻"。

　　没想到，下次竞赛还没来，小丹的语文和英语课程先跟不上了，而且她的身体也出现了问题。

1. 有的小朋友天生对自己有着很高的要求，本身对于"标准""要求"的敏感度高于同龄的孩子。

2. 当追求的程度不切实际时，完美就成了一道"过不去的坎"，会让我们陷入"不完美"的恐惧里面。

3. 没有办法正视错误。其实，犯错误是成长的必然，我们应该以平常心对待。

怀疑自己，把自己所做的一切都推翻

在总体目标的实现质量上滑坡

苛求完美，用力过度，最后失去兴趣，陷入被动的状态

忽略了生活中的其他事情

在一个小小的目标上浪费了太多的时间和精力

习惯性苛责他人，处理不好人际关系

苛求完美的危害

不苛求完美，这不就轻松搞定啦！

秒变时间管理小能手

1 改变认知。我们要明白，世界上没有绝对完美的人和事情，任何完美都是在与环境妥协下相对形成的。

2 要注意自己处理的不只是一件事，注意轻重缓急。追求完美要有度，尽全力去做好每一件事情，但不过分沉浸在对完美的幻想当中。

3 平时不要苛求自己。在日常生活中多开阔眼界，发展兴趣，不要在一件小事上面无尽地苛求。

47

我的时间规划表

总目标：期末考试取得好成绩

序号	1	2	3	4
分目标	语文成绩	数学成绩	英语成绩	照顾好自己的身体
情况分析	课文背诵和阅读理解是薄弱项			
具体计划				
时间分配				
总时长				
完成情况				

不要为小优惠耽误要事

有一天，小明和小华一起去兴趣班上课。在路上，他们看到一家店正在打折销售一双手套，折扣非常诱人，只有原价的一小部分。小明想着自己的零花钱刚好可以买它，很高兴，想要进去看看，但小华提醒他，他们已经和老师约好了上课时间，快迟到了，需要尽快赶过去。

小明觉得优惠不容错过，于是决定进去看看，可是他花了很长时间排队，最终他们迟到很久，导致好几个重点内容都没有听到。小华很生气，认为小明为了小优惠而误了正事，很不值得。

一起来找找原因吧！

1. 没有意识到时间也是一种成本，耽误时间的后果虽然一时不明显，但长期如此就会对生活造成恶劣的影响。

2. 从众心态，看到许多人都在排队，觉得排队一定是值得的，一定物超所值，认为自己失去的时间不算什么。

3. 没有考虑别人的感受，约定好的时间没有准时赴约也是对别人时间的浪费。

◆ 耽误了重要的事情，对生活造成更加严重的影响

◆ 因为追求眼前的优惠而错过其他重要的事情

为小优惠耽误要事的危害

◆ 耽误其他人的时间

◆ 忽略做重要事情的潜在收益，时间总体收益降低

深入理解时间成本

1

时间可以创造价值，当我们花费了时间成本后，就会有所收获。

2

错误地安排优先级，或在宝贵的时间里做不重要或无意义的事，会增加我们的时间成本。

3

有些事情，我们当下花时间去做，似乎收获不明显，但将来会发挥出其价值。

 秒变时间管理小能手

(1) 我们在面对选择的时候，可以将金钱、时间、精力一起考虑，作为我们判断一件事情要不要做的标准，而不能仅仅考虑金钱成本。

(2) 不要盲从，先考虑自己的时间成本是什么。要清楚，对于不同人来说，时间成本是不一样的。虽然有许多人在排队，但对于他们来说，可能正好今天时间充裕。

(3) 设定优先级和计划。根据事情的重要程度做出取舍，避免贪图小便宜而失去做重要事情的契机。

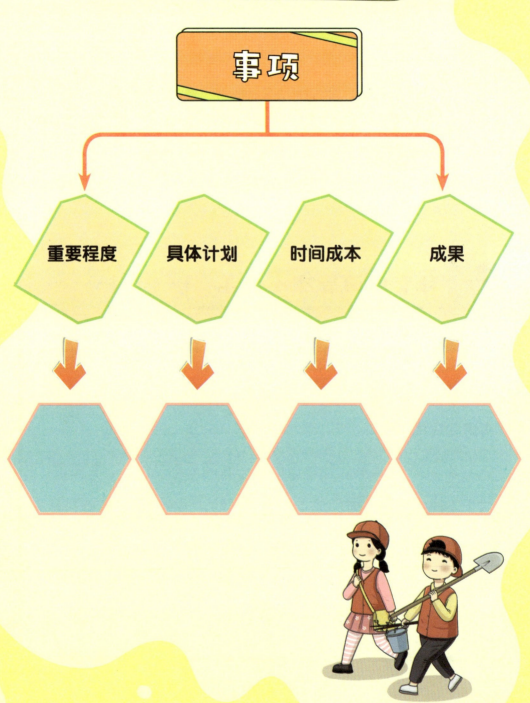

我的时间规划图

事项

重要程度　具体计划　时间成本　成果

好好参加聚会，时间不会重来

快毕业了，我们周末举办一个聚会吧。

不行，我得去培训班。

放学回家之后，妈妈看见洛洛有点不开心，于是问她是怎么回事。

原来，婷婷、小敏和洛洛三个是好朋友，在学校的时候，她们度过了愉快的校园时光。现在，马上就要毕业了，婷婷和小敏提议她们三个举办一场聚会。可是，洛洛却因为自己繁忙的课外培训班拒绝了这个提议，这让另外两位朋友很不满，洛洛心里也很难受。

"原来是这样，其实，你可以想一下，这次聚会之后你们再见面就不容易了，可是培训班是可以请假的，落下的课以后还能补上。你再想想，你该怎么选呢？"妈妈语重心长地对洛洛说。

1.时间安排发生冲突，没有提前将聚会的时间与做其他事的时间进行排序，将各方面协调好。

2.没有意识到离别聚会的重要性。我们还小，还缺少分别的概念。其实，尽管我们今天的交通、通信都格外发达，但是朋友之间如果在生活上没有交集，可能以后就很难再见面了。

3.误判任务的优先级，大人经常向我们强调学习的重要性，所以潜移默化中，我们觉得任何时候都应将学习放在最重要的优先级。

给自己造成遗憾，可能当时不觉得什么，但是在事后想起很容易后悔，因为失去与他人互动和沟通情感的机会，会导致孤独感和失落感

给朋友造成遗憾，会让朋友觉得自己不够重视这份友谊，伤害朋友之间的感情

错过与老朋友最后见面的机会，可能会导致关系的淡化，也会限制我们的社交圈子

错过重要聚会的危害

我已经协调好啦，我们可以去聚会了。

为了友谊,将培训时间协调一下也值得。

秒变时间管理小能手

1 面对与同学的重要聚会，要重视起来，提前做准备，避免与其他事务冲突。

2 如果错过了离别聚会，应另找时间补上，可以准备一些小礼物或者美食，以此来表达对朋友的关心和祝福。

3 多珍惜在一起的时光，趁离别之前的光阴，可以多做一些有纪念意义的事，比如和同学合影或者是亲笔给好朋友写信。

4 生活中尽量与好朋友常见面，虽然现在的科技比较发达，但是有时反而让人与人之间的距离更加遥远。

我的时间规划表

冲突事项：（   ）VS（   ）

处理关键点

处理难点

时间安排

完成情况

心得体会

陪重要的人，做重要的事

今年暑假，爷爷坐了很久的火车才从乡下老家来到了林林家。一到家，爷爷就抱着宝贝孙子亲来亲去，还给林林带了许多礼物。

"爷爷，你有什么想去的地方吗？"林林对爷爷关切地问道。爷爷说："去天安门看一看一直是我的愿望，我希望和你一起去天安门。"

可是，整整一个暑假，林林都只顾着出门和朋友玩，一次都没有陪爷爷去天安门。暑假结束后，林林想送爷爷去车站，爷爷拒绝了。或许在爷爷的心中，没有比没去天安门更令他伤心的事了。

　　林林是爱爷爷的，但是一个暑假都没能陪爷爷去天安门，完成他的心愿，到最后爷爷伤心地离开了他的家。林林的问题出在哪里呢？

　　1.太贪玩了，认为暑假就应该尽情地玩耍，没有关注爷爷的需要，将爷爷的事情放在靠后的位置，以至于没有时间完成。

　　2.以自我为中心，不懂得换位思考。对林林来说，天安门没什么新鲜的，所以不能理解爷爷憧憬的心情。

　　3.年纪太小，以为时间是无限的，还不懂得陪伴家人的重要性，不理解老人格外需要关怀。

◆ 让爸妈担心爷爷的心情，还会受到他们的批评

◆ 没有将时间用在重要的事情上，形成不良的时间利用习惯

忽视陪伴重要的人的危害

◆ 伤了爷爷的心，让爷爷觉得自己不受重视

◆ 徒然耗费爷爷的等待时间

◆ 和爷爷见一面很不容易，却没有好好珍惜，浪费了宝贵的相聚时间

失望的爷爷还会再来吗？

 ## 秒变时间管理小能手

1 不要将自己的娱乐和陪伴家人对立起来。例如，有时可以陪着家人一起去参加户外活动，比如逛公园、野餐、爬山、参观海洋馆等。这些活动不仅能够愉悦我们的身心，还能让我们与家人更加亲近。

2 列出陪伴家人的活动清单，贴在家里显眼的地方，这样能够经常提醒我们。

3 如果正在陪伴家人的时候，有朋友叫你出去玩，自己又实在想去，要先和家人沟通好，说明大概需要多长时间，以及什么时候回来，这样做会增加家人对你的信任度。

我的时间规划图

我要完成的任务

我要阅读的书

时间安排

我想陪伴的人

我想去玩的地方

我要参加的活动

小学生高效时间管理

自觉主动争时间

张雨彤◎主编

黑龙江科学技术出版社
HEILONGJIANG SCIENCE AND TECHNOLOGY PRESS

图书在版编目（CIP）数据

小学生高效时间管理．自觉主动争时间 / 张雨彤主编．-- 哈尔滨：黑龙江科学技术出版社，2024.3
ISBN 978-7-5719-2318-1

Ⅰ．①小… Ⅱ．①张… Ⅲ．①时间－管理－少儿读物
Ⅳ．① C935-49

中国国家版本馆 CIP 数据核字（2024）第 063557 号

小学生高效时间管理．自觉主动争时间
XIAOXUESHENG GAOXIAO SHIJIAN GUANLI. ZIJUE ZHUDONG ZHENG SHIJIAN

张雨彤　主编

项目总监	薛方闻
责任编辑	刘路
插　　画	文贤阁
排　　版	文贤阁
出　　版	黑龙江科学技术出版社
	地址：哈尔滨市南岗区公安街 70-2 号　邮编：150007
	电话：（0451）53642106　传真：（0451）53642143
	网址：www.lkcbs.cn
发　　行	新华书店
印　　刷	天津泰宇印务有限公司
开　　本	710 mm×1000 mm 1/16
印　　张	4
字　　数	41 千字
版　　次	2024 年 3 月第 1 版
印　　次	2024 年 3 月第 1 次印刷
书　　号	ISBN 978-7-5719-2318-1
定　　价	128.00 元（全 6 册）

前言

Contents

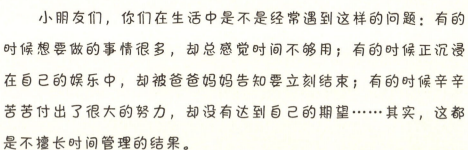

　　小朋友们，你们在生活中是不是经常遇到这样的问题：有的时候想要做的事情很多，却总感觉时间不够用；有的时候正沉浸在自己的娱乐中，却被爸爸妈妈告知要立刻结束；有的时候辛辛苦苦付出了很大的努力，却没有达到自己的期望……其实，这都是不擅长时间管理的结果。

　　为了帮助你们学会管理自己的时间，我们编写了这套《小学生高效时间管理》。本套书抓住少年儿童的心理特点和阅读习惯，从生活学习中熟悉的事入手，并通过分析原因、讲解危害，让大家明白时间的价值。文后还附有相应的"秒变时间管理小能手"，教给大家时间管理的方法，使大家能够快速提升时间管理的能力，并建立自己的时间管理策略。

　　本套书图文并茂，内容生动，相信通过阅读本书，大家可以理解时间的重要性，并通过不断磨炼时间管理的技巧，掌控自己的时间，更好地安排自己的学习和生活，掌握生活的主动权，每天都能过得充实而有意义。

目录 Contents

列清单，让"时间银行"更富裕

一整天下来，小帅忙忙碌碌的，可是完成的事情却寥寥无几，他为此很苦恼，便来找妈妈分析原因。

妈妈了解后决定帮助小帅列一下"时间清单"，和他一起去发现问题。小帅有些不解："我很清楚时间是如何过的，还有这个必要吗？"

妈妈语重心长地说："当然有必要啊。就像妈妈买东西一样，如果不把开销记录清楚，怎么能知道自己每次花了多少钱呢？"

于是，小帅开始和妈妈一起回忆自己的"时间开销"，一番列举后才发现，原来自己经常不自觉地发呆、走神，就连做事方法也存在问题，以至于浪费了许多时间。

一起来找找原因吧！

小帅出现这种状态，主要有以下几个原因：

1. 时间无声无息，流逝的时候往往难以觉察，仅凭感觉无法熟练地捕捉时间。

2. 对自己的任务没有一个清晰的认识，以至于自己每天看起来忙忙碌碌，效率却不高。

3. 没有养成规划时间的好习惯，一味地把想完成的任务都列出来，等到实际操作起来才发现时间根本不够用。

◆导致后续不能发展自我管理和规划时间的技能，影响自信

◆学习效率低，无法有效提高学习成绩

◆没有明确的时间进程监控，感到时间压力和焦虑，影响情绪健康

没有时间概念的后果

◆不知道自己的时间花在哪里，时间利用率低

◆导致学习和生活之间的界限被打破，降低生活质量

◆无法调动反思精神，难以改正时间利用上的坏习惯

明确每日清单，高效解决问题

◆ 一天只有 24 小时，注意不要把时间安排得过满

◆ 相邻的任务间隙，要注意间断休息

秒变时间管理小能手

1 可以每天晚上跟父母一起列出"时间清单"，包括今天的"时间开销"记录以及明天的时间应用计划。

2 在"时间清单"中，将每天要做的事情分类。虽然我们每天要做的事情很多，但是可以进行分类，例如学习、娱乐、运动等，然后根据类别分配相应的时间。

3 和父母一起对"时间清单"进行分析，明确地感知自己的时间是以怎样的形式度过的，然后根据目标进行调整，做出取舍。

我的时间规划清单

☐ 　7：00-7：15 　起床、洗漱

☐ 　7：20-7：40 　吃饭

☐ 　8：00-8：30 　阅读

☐

☐

☐

☐

学会设置最后期限

今天，小玲有个舞蹈比赛，此刻她正在试衣间挑选比赛的衣服，可是进去很久，一直也没有出来。

眼看时间已经 7 点 45 分了，8 点半还要彩排，妈妈不免有些着急，急忙去催促小玲，让她务必在 8 点之前选好。小玲一听时间快来不及了，不免有点着急。

这时又传来妈妈的声音："宝贝，你的衣服只是给你的舞蹈锦上添花，你的舞蹈才是大家关注的重点。"

小玲突然就明白了，对于演出来说，先保证彩排时间才是最重要的。小玲心想，今天要不是妈妈给试衣时间设置了"栏杆"，自己还不知道要挑多久呢。

演出对小玲来说格外重要，认真准备也可以理解，但是，如果没有给当下任务设置一个最后期限，可能会使人无限制地为其花费时间而不自知，最终导致其他事情拖延，甚至无法完成。

1. 不设置最后期限的话，在做事情的时候会过分把时间和精力放在旁枝末节上，没完没了地花费时间。

2. 心里没有最后期限，总认为还会有更好的方案，于是不停地花时间寻找，到最后面对过多的选择，反而迷失或陷入纠结。

3. 没有足够的专注力和执行力，也难以调动好理性思维来进行决策。

不限时的后果

养成拖延习惯 → 错过重要机遇 → 影响其他学习任务 → 效率低下 → 间接形成压力 → 浪费太多时间

◆ 完成任务如同爬山，每一个节点都要有时间限制
◆ 时间影响任务的完成效率
◆ 在既定时间完成，效率翻倍

秒变时间管理小能手

1 明确自己的任务并列出清单，方便一一解决。

2 预先考察一下完成每个任务大概需要多久，避免两个任务之间间隔太短或太长。

3 最后期限的设定因不同任务的性质而有所不同，对于那些我们比较熟练、没有太多挑战性的任务，可以少设置一些时间。但是，对于那些需要与别人沟通的任务等，设置的时间应该宽裕一些。

我的时间规划

A 级 语文诗词背诵

时间	7:30—8:00

A 级 做一张英语试卷

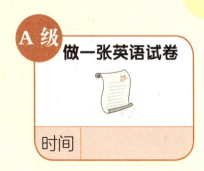

时间	

B 级 做数学习题

时间	

B 级 英语考试复习

时间	

C 级 找朋友玩耍

时间	

C 级 遛狗

时间	

备注：A 级表示重要且紧急，B 级表示重要但不紧急，C 级表示不重要且不紧急，可以根据等级分类，并设置截止时间。

把"游戏"装在时间笼子里

小飞喜欢玩游戏，每天放学后，总是沉迷于各种游戏之中，以至于作业都是到晚上 12 点才写完。爸爸妈妈为此很苦恼。

有一天，小飞的爸爸妈妈商量了一个好主意。晚饭后，爸爸对小飞说："小飞，玩游戏要适度，才可以放松心情哦。爸爸小时候也爱玩，不过爸爸跟自己有个约定：每次不能超过半小时。你要不要也试试爸爸这个方法呢？"

小飞果断地答应了爸爸的提议。一开始，小飞还不能控制玩游戏的时间在半个小时内，但是经过一段时间后，他便慢慢适应了。后来，他发现自己节省出来的时间可以用来做更多有意义的事情。

为什么一开始小飞无法脱离游戏的"魔掌"，这是因为：

1. 游戏能让人逃避现实中一些不想面对的事情，以至于使人沉迷。

2. 总是觉得游戏很快就能结束，却没想到一关接着一关，所以花费了许多时间。

3. 许多游戏精心设计了许多机制，如奖励机制、即时反馈机制等，让人越陷越深。

一天节约 **1** 小时！

只玩1小时没事的！

一周节约 **7** 小时！

一年节约 **360** 多个小时！

秒变时间管理小能手

1 要合理安排网络游戏时间，不让它影响学习，而是变成放松身心的娱乐项目。

2 可以用一个计时器进行计时，这样就不怕超时或无限制地玩下去啦！

3 玩游戏的时间要固定在一段时间内，比如写完作业后，晚饭前半小时，这样晚饭后到睡觉之前的时间就可以做一些其他有意义的事情了。

我的娱乐项目规划

外出散步
（　　）

玩电子游戏
（晚饭后半
个小时）

可选择
项目安排

和朋友
踢足球
（　　）

看电视
（　　）

听音乐
（　　）

熟练掌握知识才能少花时间

　　小露和菲菲最近进行了一个"写得快"比赛。两个人约定好每天放学之后一起到菲菲家写作业，比谁写得快，写得慢的那个人要受到一个小惩罚。一开始，菲菲总是写得很慢，她非常着急，不甘于落后。

　　后来，菲菲写得越来越快，渐渐地，每次都能战胜小露，她可开心了。但菲菲的妈妈知道后却高兴不起来了，因为她拿起菲菲的作业一看，到处都是错题和错别字。

　　"菲菲，这可不行，我能明白你想早点写完作业的迫切心情，但只有熟练掌握了知识之后，我们才能少花时间。"妈妈语重心长地说。菲菲看着潦草的字迹，心虚地低下了头。

13

有些同学在学习和生活中经常会许下一些美好的愿望，但是又找不到正确的实现方式。就像上文中的菲菲，她想快速写完作业的出发点当然是好的，但是又不顾作业的质量，这是什么原因导致的呢？

1. 小朋友被竞争心蒙蔽了头脑，只求速度，却忽视了质量问题。

2. 没有熟练地掌握知识，所以一味地追求速度之后，就很难保证质量了。

3. 缺乏对任务完成质量把关的意识，认为只要完成就好，质量好不好不重要或是位居其次，以后还有时间改正。

◆ 影响到解题的效率

◆ 在解题的过程中犯许多不必要的错误

没有熟练掌握知识的危害

◆ 在解题或者表达问题的时候缺乏信心

◆ 拖慢整体的学习进度

◆ 不熟悉的知识越积越多

这样的"快"带来的问题可不少

◆ 错题率增高
◆ 知识掌握不牢固
◆ 自己晕头转向，
  耗费时间

 秒变时间管理小能手

1 熟练掌握知识技能，才能提高解决问题的速度，从而节省时间。当然，这需要我们不断学习，不断磨炼。

2 广泛涉猎，大量地积累知识，才能提高反应速度，在遇到问题的时候立刻作答，从而节省答题时间。

3 学习一些高效的方法和技巧，如快速阅读技巧、解题技巧、记笔记方法等，可以帮助我们更快地理解题目和解决问题，节省作答的时间。

我的时间规划表

事项	规定完成质量	所用时长	本次完成质量
数学习题	字迹工整清晰，错题少于 5 道	30 分钟	
语文背诵			
生字默写			
英语作文			
英语单词背诵			
课外阅读			
明日功课预习			

别让短视频消磨零碎时间

聪聪的爸爸妈妈太忙了，总是没有时间陪他。于是为了弥补他，只要聪聪一放假，就满足他玩手机的要求，慢慢地，聪聪迷上了刷短视频。

一条视频才几十秒，刷起来没什么感觉，聪聪总是想着再看一条吧，再看一条吧。不知不觉，一个小时就过去了。

"聪聪，不要总在吃饭前刷短视频。"妈妈提醒道。"我只是利用吃饭前的零碎时间来玩，这有什么关系？"聪聪不服气地反驳。"如果我们把这些时间用来学习一些零碎的知识，虽然每次很短，是不是也能积少成多呢？"妈妈反问道。聪聪听了妈妈的话，心里突然有点惭愧。

通过刷短视频，不仅能够看到自己平时看不到的信息，还能进行网上互动，因此很多同学会觉得有意思。但又因为同学们没有自控能力，所以容易被短视频中的内容影响，耗费大量时间和精力。

1. 短视频用有趣的内容不断刺激着我们的视觉和听觉，使我们迅速产生一种愉悦感，从而形成一种行为习惯，难以自控。

2. 短视频平台会根据我们的观看记录来分析我们的喜好，让我们更容易陷入其中，看不到其他更有用的信息。

3. 短视频平台通过浏览、点赞和评论等方式实现了人与人之间的互动和交流，使我们依赖线上社交，反而减少了现实生活中的社交。

容易受不良情绪影响 → 养成不良坐姿

沉迷于刷短视频的后果

浪费时间和精力

导致眼睛疲劳和近视

容易缺乏判断力

影响现实社交能力

你以为只是"随便"看一会儿，其实已经放不下了。

秒变时间管理小能手

1 设置刷短视频的时间，避免陷入其中无法自拔，通常不超过半小时。

2 短视频平台上也有一些视频是有关科普知识的，选择浏览这样的内容，就将刷短视频消磨时间变为刷短视频学习，可以一举两得。

3 将刷短视频看到的非课本上的知识记录在一个小本子上，随后利用零碎时间反复学习。

我的任务时间规划

时间：坐公交去学校的 30 分钟
- - - - - - - - - - - - - - - - - - -

时间：课间 10 分钟
- - - - - - - - - - - - - - - - - - -

任务：
- - - - - - - - - - - - - - - - - - -

任务：
- - - - - - - - - - - - - - - - - - -

时间：
- - - - - - - - - - - - - - - - - - -

时间：
- - - - - - - - - - - - - - - - - - -

任务：
- - - - - - - - - - - - - - - - - - -

任务：
- - - - - - - - - - - - - - - - - - -

争取在晚饭前写完作业

由于今天的作业很多，小明放学回到家就赶忙拿出作业本开始做起来。原来他想着在晚饭前完成作业，这样饭后就可以看半个小时的电视剧了。

不承想，小明刚写了不到10分钟，就开始胡思乱想了，一会儿想美味的晚饭，一会儿想白天和朋友们玩的游戏，一会儿想周末的出行计划，直到7点，妈妈叫他吃晚饭，他才停止了神游。

结果小明到晚上11点才写完作业，他不但没有完成计划，还耽误了饭后看电视的时间，也影响了休息。小明对此感到十分沮丧，不明白为什么会这样。

在晚饭之后写作业很可能会让我们感到疲劳和压力，影响我们的学习兴趣和积极性。时间长了，容易出现各种问题。

1. 想着晚饭之后还有很多时间，到时候再写也不迟。

2. 缺乏自律，没有在长期的训练中养成晚饭前写完作业的习惯，因此没有足够的时间来完成作业。

3. 被外界的诱惑所吸引，比如未来的玩耍计划、电视节目或游戏等，容易分心并浪费时间。

◆ 无法在规定时间内完成作业，容易造成焦虑和压力，影响情绪

◆ 拖延时间过久，容易过度疲劳而导致睡眠质量下降或睡眠时间不足

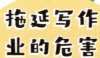

拖延写作业的危害

◆ 忽略掉正常的饮食和作息规律，导致身体健康出现问题

◆ 养成不良的做作业习惯，做事效率变低

◆ 影响在学习方面的信心，导致成绩下降

让时间成为你的"帮手"

◆ 要知道晚饭后的时间很短

◆ 任务量切勿太多

◆ 合理安排时间

秒变时间管理小能手

1 开始写作业之前，先明确自己的学习任务，再根据任务制订时间计划，确保在有效的时间内完成任务。

2 将作业分解成小任务，然后按照紧急程度依次去做，确保在计划的时间内可以完成。

3 关闭手机、电视或其他会分散注意力的设备，创造一个安静、整洁、舒适的学习环境，以免被干扰。

四步WOOP 思维法

明确自己的意图，有意识地锻炼，让自己摆脱拖延，高效完成任务。

愿望
（wish）

结果
（outcome）

障碍
（obstacle）

计划
（plan）

备注：在"障碍"那一栏，可以为自己设置一个公式："如果 X，那么 Y"，方便更好地做计划。

早起时间定"靶向"

小风最近决定早起，充分利用好早上的时间，于是每天晚上睡觉之前，他都会制订好计划，设定闹钟。

第二天早上，小风随着闹钟挣扎着醒来，他先按照日程去背单词，但是规定的30分钟时间到了，小风也没记住几个单词。之后他又开始了下一个项目——读课文，刚进入状态，做早操的时间又到了。可是做了5分钟，身体刚刚舒展开，又到了吃早饭的时间。

小风被这个忙忙碌碌的早晨折磨得精力不济，等到上午上课的时候，他觉得自己困极了，总是忍不住想睡觉。小风不明白，明明做了计划，为什么还会如此狼狈？

1. 高估早上时间的长度，想做的事情太多，经常找不到真正适合自己早上做的事情。

2. 没有提前明确早上要做的事情，导致早上起床后不知道要先做什么，容易手忙脚乱。

3. 对自己的学习状态以及学习偏好缺乏正确的评估，早上学习的任务和实际情况不匹配。

◆ 使得身体和大脑处于紧张状态，增加压力激素的分泌

◆ 影响到白天做事情的状态，不能获得充分的专注力

早上手忙脚乱的危害

◆ 早上一次性做太多事，会降低专注力，反而浪费了学习时间

◆ 影响身体健康，使身体和心理状态更加疲惫，时间利用的效率变得更低

不能太贪心，有时做得少才能做得好。

秒变时间管理小能手

1 固定早起时间，明确起床后要完成的任务。

2 除了常规任务，如刷牙、洗脸等，统计出可以利用的其他时间。

3 对可以利用的时间进行合理规划，给特定任务分配固定时间并养成习惯。

早晨时间规划

铃铃铃一

7:00

相对不重要的事可以请人代劳吗?

> 娜娜这么晚还遛狗呀?

娜娜的妈妈生病了,家里只剩下她和一只小狗,妈妈要她每天带狗去遛弯,她满口答应了。可是学校儿童节有节目,娜娜也需要排练,于是她决定练习完再回家遛狗。

起初,娜娜还游刃有余,可是没坚持几天,就感觉吃不消了。这天,她遛狗的时候看到邻居小湖姐姐,就想请她帮忙照顾一下小狗,这样自己或许就有足够的时间排练和休息了。可是腼腆的娜娜始终不知道如何开口。

最终,娜娜还是决定一边排练,一边照顾小狗,忙得筋疲力尽。娜娜很困惑,不知道相对不重要的事情是否可以请人代劳。

一起来找找原因吧！

娜娜为什么会忙不过来，又为什么没有找小湖姐姐帮忙呢？

1. 高估自己的时间效率，认为这些任务在自己有限的时间内都可以做完。

2. 认为寻求帮助就相当于欠下一个人情，不想因此感到有负担或压力。

3. 认为寻求帮助可能会打扰到他人，给他人带来不必要的麻烦。

4. 担心被拒绝，害怕尴尬或失望。

◆ 事情排不开，增加错误和失败的风险

◆ 在不重要的事情上浪费大量时间

不懂得寻求帮助的危害

◆ 限制成长机会，难以安排时间学习新的技能和知识

◆ 自己背负所有任务，缺乏与他人的联系和互动，产生孤独感

◆ 浪费时间和精力，影响做事效率

请他人代劳也会给别人带来压力

◆ 要适度，不能过于频繁

◆ 真心地表达感谢

◆ 要及时给对方帮助和回馈

秒变时间管理小能手

1 将任务按照重要程度划分，然后针对性地分配时间。

2 看自己的时间有多少，然后拆分时间，分配给每个任务，以确保自己能够完成。

3 完成不了的任务，为避免浪费更多时间，可以暂停，或者寻求他人帮助。

请他人代劳考虑法则

需要多长时间?

对方是否有合适的时间?

可以为对方做什么?

是否有合适的人代劳?

1.

2.

3.

做零碎时间的"指挥官"

乐乐最近打算将自己的零碎时间利用起来，但怎么都做不好。他经常觉得零碎时间多得用不完，有时候又会因为太过于短暂而稍纵即逝，感觉时间和自己总是错拍的。

不过，幸好乐乐是一个懂得求助的孩子。他找到了王老师，王老师告诉他："这是因为你在利用零碎时间之前忘了做一样准备工作，那就是分类。你可以把你的零碎时间分成三类，一是用来学习，比如读书、学习技能等；二是用来做一些有益的事情，比如帮助别人、锻炼身体等；三是用来放松和休息，比如听音乐、看电影等。对号入座就会轻松多啦！"

乐乐听了之后，好像突然找到了思路。

对于零碎时间的分类利用非常重要，如果毫无目的地想到一件事情就做一件事情，就会很匆忙，最终效果也不好，甚至会对自身带来不好的影响。

1. 对自己的零碎时间没有一个清晰的认识，以至于没有合适的利用方法。

2. 没有一个明确的目标和计划，很可能会被外界因素所左右。

3. 缺乏分类意识，认为时间只是一种连续的、不受限制的资源，而没有意识到应该利用不同的时间进行不同的活动和任务。

秒变时间管理小能手

1 养成随身携带一本书或者一个小本子、一支笔的习惯，在有零碎时间的时候可以充分利用。

2 将零碎时间分类，比如前文案例中的分类方法，也可以根据时间的灵活性分为可预测的零碎时间与不可预测的零碎时间。

3 给不同类型的时间分配不同的任务，如给可预测的零碎时间分配学习任务，并且提前准备学习需要用的资料，无法预测的闲散时间则用来放松。

我的零碎时间规划

等人的时间
1. 听音乐
2. 记单词

早餐时间

等车的时间

睡觉前的时间

排队时间

晚饭后的时间

上下学的路上

课间时间

零碎时间，一口吃不胖

最近小飞觉得自己的生活中有许多零碎时间，它们太过于短暂、分散、细微，往往不为人注意，经常在闲谈、发呆中就被浪费了，于是小飞决定好好把它们利用起来。

小飞开始在自己等车或排队买早餐的时候，去阅读长篇文章，或者去做复杂的数学题……但是，随着零碎时间的结束，小飞的思路经常被生生掐断了，而要完成的任务经常没有完成。

几天下来，小飞感到非常焦虑，自己明明努力地利用零碎时间，怎么却感觉什么都完不成呢？

1. 对零碎时间没有清晰的认识，认为这些时间适合做所有事。

2. 没有找对适合在零碎时间做的事情。零碎时间并不适合去做需高投入、高沉浸度的事情，而适合去完成一些"小任务"或者是将大任务细化。

3. 利用零碎时间做复杂任务时，经常会被打断，难以持续地投入其中。

◆ 没有合理使用零碎时间，影响自己的信心和热情

◆ 零碎时间的使用效率不高

错误使用零碎时间的危害

◆ 大量的零碎时间被浪费

◆ 心态变得焦虑，认为零碎时间太短而无意义

零碎时间可不是大力士

- ◆ 同一时间内不要做好几个任务
- ◆ 认清自己的能力

秒变时间管理小能手

1 用零碎的时间去完成可以在短时间内完成的任务。比如记单词，利用闲暇时间记忆反而比拿出整块时间来记忆效率更高。

2 根据零碎时间的性质安排任务。例如等车、排队时可以对日常的问题进行回忆和思考，走路或坐车时可以听一些英文单词，睡觉前可以回顾这一天的学习状况。

3 利用一些小技巧，例如在常去的活动场所，如洗脸、刷牙、就餐的地方粘上一个与身高相符的小本子，上面记上知识点，以便于随时记忆。

我的时间规划表

☐ 零碎时间 1		☐ 零碎时间 2	
时长	任务	时长	任务

☐ 零碎时间 3		☐ 零碎时间 4	
时长	任务	时长	任务

☐ 零碎时间 5		☐ 零碎时间 6	
时长	任务	时长	任务

备注：完成一项在前面框内打"√"。

课余时间你丢不起

　　沐沐在班上的成绩名列前茅，最近他迷上了玩电子宠物，在课余时间总是一玩就收不住。

　　不过，上课的时候沐沐仍然听得很认真，作业也会按时完成，只不过一到下课，他就会沉浸在游戏的世界中。一开始，朋友们还会叫上沐沐，想跟他一起组团背课文，但是叫了几次，沐沐没有答应，大家也就放弃了。久而久之，沐沐的成绩大幅下降。

　　沐沐百思不得其解，只是课余时间放松自己，怎么成绩就下降了呢？

学习，本质上就是一场自律拼搏赛。而自律的习惯大多从小养成，尤其对于有短板的同学来说，在课堂之余，自律地拼搏才是拉开差距的关键。

1. 在课堂上，大家学的东西都差不多，如何利用课堂之外的时间常常成为决定学习成绩的关键。

2. 缺乏自律，经常陷在各种吸引人的游戏和社交软件中，无法自拔。

3. 没有意识到在课余时间复习的重要性，总觉得认真上课、注意听讲、课后认真完成作业就可以了。

课余时间玩游戏的后果

与同学们拉开差距 → 课堂知识掌握不牢固 → 影响视力和身体健康 → 缺乏社交 → 分散注意力 → 颈椎有压力

如何利用闲暇时间，决定了你的未来。

 秒变时间管理小能手

1 在课余时间安排可以完成的任务，这样容易有成就感，激励自己继续学习。

2 可以做一些有益的事情，如看科普书，并将任务拆分，分段利用课间时间，这样不仅能提高自己的技能，还能拓宽自己的视野。

3 不携带任何让人分心的电子设备或游戏道具等，保持专注力，在课间巩固课上所学知识。

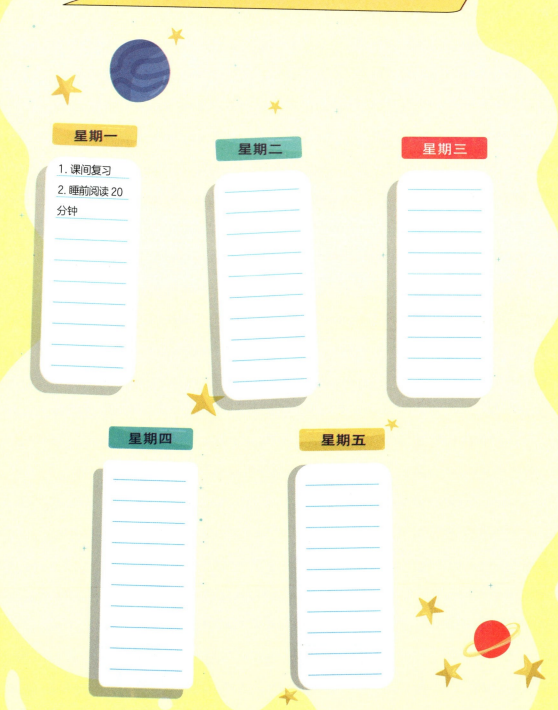

我的课余时间规划

星期一

1. 课间复习
2. 睡前阅读20分钟

星期二

星期三

星期四

星期五

用"瑞士奶酪法"去"见缝插针"

强强因为要做一个手术而跟学校请了长假。等到康复之后回到学校，已经进入期末阶段，有大量的复习任务等着自己。再看自己的时间，大都因为日常上课和兴趣班被搅得零零散散的，总是拿不出整块的时间来复习，于是这些天他总过得很焦虑。

吃早饭的时候，妈妈看到他愁眉不展，于是仔细地问了原因。了解到强强的问题，妈妈若有所思，然后突然指着盘子里面的奶酪说："孩子，或许我们应该向这块奶酪学习一下。上面的孔洞虽然小，但足够细密，也能占据整块奶酪。"

强强一头雾水，妈妈说的到底是什么意思呢？

　　有的时候我们也会和强强一样身处困境，面对一个复杂的任务，不知道该从哪里下手，零碎时间也利用不起来。这是什么原因导致的呢？

　　1. 认知误区，认为完成大任务就一定需要整块的、完整的时间。

　　2. 害怕自己因为零碎时间断断续续而分心，从而导致学习效率低下，于是不敢大胆地使用零碎时间。

　　3. 对自己要完成哪些方面的学习任务感到迷茫和不确定，没有将任务进行细分。

◆ 认为反正完不成，可以不用学习

◆ 在无意义的等待和焦虑中浪费时间

不懂管理零碎时间的危害

◆ 容易分心，被其他事情打断、干扰

◆ 不会规划，导致任务拖延

瑞士奶酪法

瑞士奶酪是一种表面有许多孔洞的甜点，"瑞士奶酪法"指的是用零碎时间"见缝插针"去完成一个比较复杂的任务，而不是消极等待整块的时间段出现。

"奶酪"除了吃，也能启发我们对时间的管理观念。

 ## 秒变时间管理小能手

1 观察自己的零碎时间，并认真记录下来。比如，有哪些零碎时间？它们分别有什么特点？可以怎样利用？

2 以较小的时间为单位，例如小时、分钟等，去处理任务，大脑就会比较警觉。如果我们把完成一个任务的周期规定为天，就可能比较拖沓。

3 用积极的心态去运用零碎时间。不要暗示自己时间这么短肯定做不了什么，而是要将它积极专注地利用起来。

计划拆分表

事项	期末复习			
特点				
目标				
所需时长				
目标拆分				
对应零碎时间安排				
完成情况				

"挤时间"还是"压榨时间"？

  诚诚最近在学校听了老师关于"挤时间"的讲座，他感到受益匪浅，没想到挤出的时间能做这么多事情，于是他决定好好实践一番。

  早上，诚诚给自己定了 5 点半的闹钟，这就挤出了一个多小时，但上课时他却昏昏欲睡。写作业时，诚诚将本来要写 1 小时的作业规定在 40 分钟内完成，于是作业写得马马虎虎。到了晚上，诚诚准备利用挤出来的一大块时间来练习钢琴，可是没弹多久，他就感觉精疲力竭了。

  一个月下来，诚诚不仅琴没练好，学习成绩和身体状况也下降了。诚诚的问题究竟出在哪儿呢？

一起来找找原因吧！

1. 错误的意识，认为挤出的时间越多越好，忽视了时间利用的质量。

2. 没有制订明确的计划或时间表。如果没有一个明确的计划，我们可能会浪费时间或失去挤出时间的机会。

3. 没有充足的睡眠时间或健康的生活习惯，容易使人感到疲惫和精力不集中，这样也会影响学习效率，挤出的时间也就浪费了。

◆ 忽视个人生活，感到压力和疲劳

◆ 睡眠时间减少，影响身体健康

不合理挤时间的危害

◆ 压榨自己，时间长了失去管理时间的兴趣

◆ 忽视完成任务的质量，导致出现更多的错误

◆ 压缩了做其他事情的时间，导致结果不如意

善待时间，才能一直有"牛奶"哦！

 秒变时间管理小能手

1 在妥善完成上一件事情的前提下再去挤时间，不能为了挤时间去挤时间。而且挤时间要根据自己的实际需求，这样挤出的时间才有用。

2 分清挤的是什么类型的时间。如果是排队等候时间，可以做一些专注度高的事；如果是做家务时候的空闲，可以用于听音乐等，做一些低专注度的事情。

3 用记录表的形式写下自己利用时间的过程以及任务的完成情况，保证质量，及时反思。

课余时间规划表

顺序	1	2	3
时间点	早起后的时间	课间时间	放学后的时间
能否挤出时间			
挤出多少时间			
特点			
如何利用			
完成情况			
评价与心得			

学会错峰行动，省时又省力

　　一天晚上，小鹏兴奋地跟妈妈说，他的同学这周都去爬黄山，他也想去。妈妈说周末人多，建议改天再去，但小鹏依然执意前往，妈妈只好答应他。

　　第二天早上，小鹏一家提前1小时到达车站，结果发现候车厅里人山人海。小鹏想着前方的美景，只好硬着头皮排在了长长的队伍后，等待检票。然而，随着等待的时间越来越长，小鹏也越来越不耐烦。最后，费了好大工夫，小鹏一家才挤上了火车。不承想，车上还有很多没有座位的人，大家挤在车厢的走廊里，让出行变得异常艰难。小鹏叫苦连连，心想下次一定要错峰出游，绝对不遭这份罪了。

小鹏的旅行并未达到自己理想的预期，这是为什么？

1. 缺乏错峰思维，出门之前没有将路况和时间成本纳入考虑当中，没有合理规划。

2. 从众心理，认为大多数人的选择一定是没错的，以至于自己花费了很多时间在等待和处理事情上。

3. 缺乏有效的信息沟通渠道，只凭借自己的主观意念去行动，最终耽误了自己的时间。

◆ 没有细致地规划时间，以至于浪费更多时间和精力

◆ 缺乏自主判断，没有考虑大家的选择是否适合自己

◆ 没有防范事故发生的意识，遇到问题不知如何解决

从众高峰出行的危害

◆ 不利于独立和自主性的发展

◆ 不在计划内的出行，可能使人错过重要事情

◆ 若是结果不如自己所想，会影响情绪

错峰出行，真香！

 秒变时间管理小能手

1 培养错峰思维，对即将要去做的事情或者要去的地方进行了解，知晓其人流量高峰时段，然后避开。

2 根据自己的实际情况合理安排行程路线，尽可能地规避高峰时段。

3 选择合适的交通工具，例如私家车的速度一般比公共交通要快，但是在高峰时段，一般是公共交通更胜一筹。对一些其他的可替代的出行方式，例如骑行、步行等，也要有所考虑。

我的出行计划导图

日常用品

钱

物资准备

住宿

景区路线

游玩攻略

美食

飞机

高铁

交通工具

汽车

景点

备注：准备出行时，除了要考虑是否高峰期外，还要做好充足准备，这样才不会浪费时间。

固定的零碎时间能随意改任务吗？

有一天，平平决定听妈妈的建议，尝试着利用零碎时间来做一些有意义的事情。

于是，她决定利用清晨等公交车的时间来阅读课文，以提高自己的作文水平。可是坚持了三天，她就觉得腻了，于是决定换成复习前一天学习的课文，以巩固课堂知识。可是没想到，这次也只坚持了三天，就觉得太辛苦，觉得不如看一些课外书，还能增加自己的阅读量，开阔眼界……

就这样，一周下去，平平不仅作文水平没有提高，复习巩固知识的效果也不明显，于是她气急败坏地说道："零碎时间真无用……"平平为什么会有这样的想法呢？

1. 觉得零碎时间反正是争取来的，用来做什么都无所谓，丝毫没有方向。

2. 想做的事情很多，误以为在零碎时间频繁地换任务就可以多做一些事情。

3. 没有充分了解自己利用时间的习惯，不知道什么样的零碎时间适合安排什么样的任务。

4. 没有意识到想要达到一定效果就要付出很多时间，以为只要花了时间就应该有成果。

◆ 任务完成的效果不好、效率不高

◆ 浪费大量的时间和精力去进入一个新的任务

随意更改
任务的危害

◆ 每天要重新安排任务，不够专注

◆ 容易受到其他事情的干扰

零碎时间不是孙悟空，不能七十二变！

 秒变时间管理小能手

1 制定一个计划表，将特定的任务安排在特定的零碎时间，尽可能减少干扰和分心，减少每天做选择所耗费的精力，确保专注于当前的任务。例如，固定在每天坐校车的半小时内听单词，并背诵五个单词。

2 利用技术工具，例如儿童手表的提醒应用程序，帮助我们及时地将固定时间利用起来。

3 给自己留出一些弹性时间，以应对不可预见的情况。

我的零碎时间规划

 零碎时间清单

课间时间

复习功课、整理笔记

上下学坐公交时间

听英语课文或单词

放学后时间

写作业、阅读课文……

小学生高效时间管理

我能管理好时间

张雨彤◎主编

黑龙江科学技术出版社
HEILONGJIANG SCIENCE AND TECHNOLOGY PRESS

图书在版编目（CIP）数据

小学生高效时间管理．我能管理好时间 / 张雨彤主编．-- 哈尔滨：黑龙江科学技术出版社，2024.3
ISBN 978-7-5719-2318-1

Ⅰ．①小… Ⅱ．①张… Ⅲ．①时间－管理－少儿读物
Ⅳ．① C935-49

中国国家版本馆 CIP 数据核字（2024）第 063558 号

小学生高效时间管理．我能管理好时间
XIAOXUESHENG GAOXIAO SHIJIAN GUANLI. WO NENG GUANLI HAO SHIJIAN

张雨彤　主编

项目总监	薛方闻	
责任编辑	刘路	
插　画	文贤阁	
排　版	文贤阁	
出　版	黑龙江科学技术出版社	
	地址：哈尔滨市南岗区公安街 70-2 号　邮编：150007	
	电话：（0451）53642106　传真：（0451）53642143	
	网址：www.lkcbs.cn	
发　行	新华书店	
印　刷	天津泰宇印务有限公司	
开　本	710 mm×1000 mm 1/16	
印　张	4	
字　数	41 千字	
版　次	2024 年 3 月第 1 版	
印　次	2024 年 3 月第 1 次印刷	
书　号	ISBN 978-7-5719-2318-1	
定　价	128.00 元（全 6 册）	

前言

Contents

　　小朋友们，你们在生活中是不是经常遇到这样的问题：有的时候想要做的事情很多，却总感觉时间不够用；有的时候正沉浸在自己的娱乐中，却被爸爸妈妈告知要立刻结束；有的时候辛辛苦苦付出了很大的努力，却没有达到自己的期望……其实，这都是不擅长时间管理的结果。

　　为了帮助你们学会管理自己的时间，我们编写了这套《小学生高效时间管理》。本套书抓住少年儿童的心理特点和阅读习惯，从生活学习中熟悉的事入手，并通过分析原因、讲解危害，让大家明白时间的价值。文后还附有相应的"秒变时间管理小能手"，教给大家时间管理的方法，使大家能够快速提升时间管理的能力，并建立自己的时间管理策略。

　　本套书图文并茂，内容生动，相信通过阅读本书，大家可以理解时间的重要性，并通过不断磨炼时间管理的技巧，掌控自己的时间，更好地安排自己的学习和生活，掌握生活的主动权，每天都能过得充实而有意义。

目录 Contents

我的时间我如何做主？

时间管理就是在固定的时间里把该做的事做好。

　　小智不想再让爸妈安排时间了，起床、吃饭、写作业的时间都是他们说了算，一点都不自由。爸妈答应了，让他试着先做个计划。小智想呀想，计划该怎么做呢？先列个表格？还是先规定起床时间？又或者先把要做的事列出来？小智抓耳挠腮一番，还是不知道该从何处下手。

　　爸爸问："你每天早上要做哪些事？"小智想了想："要起床、洗漱、吃饭，再去上学。""这些事必须在几点之前做完？"小智恍然大悟："我知道了，时间管理就是在合理的时间内把该做的事做好。比如我每天七点半上学，在这之前我就得穿衣、洗漱、吃完饭。如果我想多睡会儿，那起床、洗漱、吃饭的速度就要更快。"

1

很多同学在安排时间上都想自己做主，却不知从何处下手，这是为什么呢？

1.平时的时间都是父母帮忙安排的，我们没有足够的经验，不知道该如何制订计划、安排时间。

2.没有意识到制订计划的重要性，以为不必事先安排。

3.对做一件事需要多长时间和有多少可以利用的时间心中没有概念。

4.缺乏逻辑，不了解合理做事的步骤，不知道如何下手安排。

◆ 一直学不会制订计划，就会形成依赖心理，事事需要父母规划，一旦离开父母的规划，就会陷入无目标、无节制、无秩序的生活中

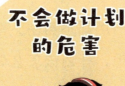

不会做计划的危害

◆ 做不出合理的计划，自然执行困难，影响下一次制订计划的热情

◆ 不会做计划，就无法分清轻重缓急，不能第一时间解决重要问题

◆ 不会做计划，会变得散漫，陷入无限的拖延之中，造成效率低下，甚至完不成任务

2

时间管理的目标：搞定一切还能玩！

 ## 秒变时间管理小能手

1 吃饭、上学往往有固定的时间，以此为基础，找出必须做的事，再安排时间，能更加井井有条。

2 早上的安排以上学为主任务，晚上的安排以写作业为主任务，所有事项围绕主任务，并按轻重缓急排序。

3 时间安排要和家人"打配合"，比如白天奶奶洗澡，早上爸妈洗澡，睡前我们洗澡，彼此都不打扰。

4 每个事项尽量在计划时间内完成，不要给完成后面的任务造成压力。舍弃时间段内不能完成且非必须完成的事。

我的自主时间表

	任务	时长	截止时间	是否完成
早上时间安排	起床	10 分钟	6:40	
	洗漱	20 分钟	7:00	
	吃饭	20~30 分钟	7:30	
放学后时间安排	稍稍休息	10 分钟	17:00	
	写作业	50 分钟 ~1 小时	18:00	
	运动	30 分钟	18:30	
	吃晚饭	30 分钟	19:30	
	娱乐时间	30 分钟	20:00	
	写作业	30 分钟	20:30	
	睡前准备	30 分钟	21:00	

做规划，始于记录时间"开销"

　　小林长大了，妈妈开始让小林试着自己管理时间。可小林的时间计划表上只给写作业安排了 30 分钟，游戏娱乐时间却足足占了 3 个小时。妈妈皱着眉头说："这样安排，你的作业能完成吗？"小林非常肯定自己能完成，两人争执不休。爸爸冷静地说："小林，翻一翻你之前做的时间'开销'记录吧。"

　　小林翻开时间"开销"记录，只见 30 天内每天写作业的时间都是 50 分钟至一个半小时，他这才发觉自己的计划表做得太想当然了。原来，做计划也要有依据，那就是时间"开销"记录！

1. 制订计划最常犯的错误就是给喜欢做的事情多分配时间。通过时间"开销"记录，可以直观地看到重要事件需要花多长时间，有了依据，制订的计划才更科学。

2. 时间"开销"记录还可以让我们直观地看到自己每天大致有哪些待办事项，避免漏掉重要的事。

3. 通过时间"开销"记录，可以分析自己在哪些事情上消耗了过多时间，哪些事情想做却没时间做，做计划时可以改进对时间的利用。

4. 时间"开销"记录还能让我们看到每天、每周、每个月的成果，使我们更有成就感。

◆ 不知自己做了哪些事，缺乏成就感

◆ 每天都过得很混乱，容易变得拖拉、混日子

不记录时间"开销"的后果

◆ 计划漏掉重要事项

◆ 没有记录和根据，无法对时间的利用进行对比和反思

◆ 预估的做事时间不准确，计划不切实可行

8 点到 12 点
上学

12 点到下午 14 点
午饭、午休

14 点到 17 点
上学

6 点到 8 点
起床、洗漱、
吃饭、上学

17 点到 18 点
写作业

18 点到 19 点　吃晚饭

19 点到 21 点
娱乐、课外阅读

21 点以后　睡觉

记录时间"开销"，避免像陀螺一样晕头转向。

秒变时间管理小能手

1 　分析时间"开销"记录，找出每天必做的重要事项，优先保证重要的事有充分的时间去做。

2 　先将重要事项安排在精力最充沛的黄金时间，再来安排次重要事项、其他事项。

3 　分析时间"开销"记录，找出不合理的时间消耗，通过调整计划来杜绝时间浪费。

4 　时间"开销"记录既是上个计划的执行结果，又是下个计划的制订依据，应每周、每月进行总结。

我的时间规划表

时间"开销"&日程安排		
时间"开销"记录	日程安排	
	事项	时间
抄词、做数学难题 50 分钟	做题	17：00—17：30
	写作业	17：40—18：00
踢球 20 分钟	运动	18：01—18：20
业余爱好 30 分钟	钢琴／画画	18：30—19：00
吃晚饭 30 分钟	吃晚饭	19：01—19：30
看动画片 30 分钟	娱乐时间	19：31—20：00
洗漱 30 分钟	洗漱	20：01—20：30
阅读时间 30 分钟	看名著／故事书	20：31—21：00

晨起无规划，手忙脚也乱

　　早上，闹铃一响，小凌就跑到客厅打开音响听了一会儿歌，先精神一下。好渴！小凌跑到餐厅喝了杯水，然后到卧室换好校服、鞋子，之后去洗脸刷牙。刚刷到一半，小凌憋不住了，放下牙刷就冲进了厕所。

　　一切收拾完，小凌发现还有十分钟就得去赶公交车了。于是他急匆匆地啃了几片面包、喝了几口牛奶，拿上书包就要往外跑。妈妈一把拉住了小凌，"看看你的校服！"小凌低头一看，呀！校服好脏，牙膏渍、洗脸溅的水渍、不小心洒的奶渍，拉链上还沾着几粒面包屑！小凌只好忍着妈妈的唠叨去阳台拿昨天洗干净的校服，换好才出门。

1. 没有按轻重缓急对事项进行排序，没有确定晨起时间段的主要事项。

2. 小任务的次序不正确，导致在客厅、卧室、卫生间、餐厅之间跑来跑去，浪费时间。

3. 先换校服后洗漱、吃饭，前一件事为后一件事"挖坑"，增加处理小事的时间成本。

4. 先洗脸，后刷牙，会增加擦牙膏沫这一动作，天长日久浪费的时间不可小觑。

5. 可并行的事情，没有同时进行处理，额外增加了时间消耗。

没赶上公交车，迟到了

行动混乱，衣服乱扔，染上污渍，增加了妈妈的家务量

吃饭急匆匆或不吃早饭，危害健康

先松后紧，节奏被打乱，坏习惯从晨起蔓延到学习上

早晨安排不合理的后果

明明没有赖床，为什么还是手忙脚乱？

 ## 秒变时间管理小能手

1 吃饭作为整个晨起流程的主要事项，应留出充足的时间。

2 晨起后的较佳顺序是喝水、排便、刷牙、洗脸、吃饭、换衣服，衔接更顺畅，可以最大程度节约时间。

3 听音乐、听广播等不需要动脑的事可以和吃饭、穿衣等同时进行，更省时。

晨起规划小火车

起床、叠被
10 分钟
截至 6:40

上厕所
3~10 分钟
截至 6:50

吃早饭
15~20 分钟
截至 7:15

洗脸
2 分钟
截至 6:55

刷牙
3 分钟
截至 6:53

换校服
5 分钟
截至 7:20

学会统筹时间，不做无头苍蝇

　　这个周末爸爸妈妈决定让晓晓自主管理时间。一大早，她就尽情地赖了半小时床。洗漱后却发现餐桌上什么都没有。妈妈告诉她，大家准点吃饭，过时不候。晓晓只好吃了点零食充饥。这时，朋友按约定来找她了，可晓晓还穿着睡衣，朋友等了她很长时间。临出门前，妈妈提醒晓晓明天要去野餐，今天必须把作业写完。晓晓只当成耳旁风，开心地玩了一整天。天黑了，妈妈告诫她如果没完成作业，明天的野餐会取消。晓晓只好匆匆忙忙写作业，一直到晚上 11 点多才写完。

　　第二天，晓晓如愿去野餐了，但因为没睡好，她一整天都很疲惫，一点都不尽兴。她这才知晓统筹安排时间原来这么重要。

1. 平时都是家长安排时间，一旦开始自主管理，便撒欢了，只追求自由散漫，完全不懂得规划。

2. 没有规划好早饭的截止时间点，错过晨起时间段主要事项。

3. 对待约定好的事（伙伴约定、野餐计划）太随意，没有提前准备或设定提醒，总是临时应对。

4. 对必须完成的事（例如写作业），没有计划和安排，没有分配合理的时间。

做事效率降低、没有条理、太散漫、不专心

约定好的时间延误，浪费双方时间

事情积压，引起焦虑和恐慌

各种事情的时间撞车

统筹时间不当的坏处

不规划约好的事情，耽误两个人的时间。

 秒变时间管理小能手

① 了解必须完成的任务，如吃饭、写作业、伙伴有约、娱乐时间、出游计划，并列出清单。

② 了解每件事的常规时间，如三餐一般在几点吃，和伙伴约定几点一起玩，避免和其他安排撞车等。

③ 以有截止时间的事件为锚点做计划，避免迟到、错过。

④ 定出每天不被打扰的解决难题或写作业的专项时间，再进行其他项目的时间分配。

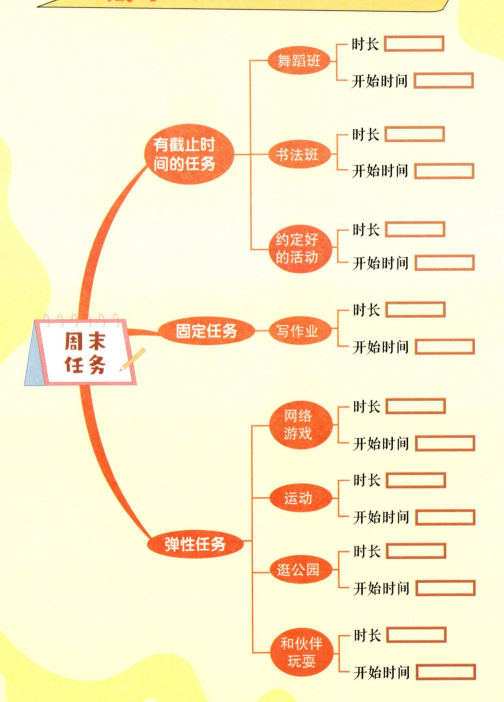

周末时间规划思维导图

周末任务

有截止时间的任务
- 舞蹈班
  - 时长
  - 开始时间
- 书法班
  - 时长
  - 开始时间
- 约定好的活动
  - 时长
  - 开始时间

固定任务
- 写作业
  - 时长
  - 开始时间

弹性任务
- 网络游戏
  - 时长
  - 开始时间
- 运动
  - 时长
  - 开始时间
- 逛公园
  - 时长
  - 开始时间
- 和伙伴玩耍
  - 时长
  - 开始时间

放学后的时间也要合理规划

　　放学了，小夏在做时间规划，妈妈看他计划的第一项就是刷 15 分钟视频，接下来写 30 分钟作业，踢 20 分钟球，吃饭用 30 分钟，然后再写 1 小时作业。她觉得这个时间分配有问题，于是马上制止了小夏。妈妈告诉小夏，视频一刷就不容易停下来，15 分钟内很难结束，更何况后面还要面对有难度的作业，怎么可能及时收心呢？

　　可小夏觉得自己学习一天很累了，也不想马上写作业。妈妈建议他拿出 20 分钟吃点水果和零食，听听音乐，然后再写作业。这样可以稍微休息一下，也不会难以收心。

一起来找找原因吧！

上文中小夏的时间分配为什么是不合理的呢？

1. 踢球是剧烈运动，安排在饭前，对身体健康不利。

2. 刷视频安排在放学后的黄金时间，不但造成时间精力的浪费，还容易导致收心困难、拖延、不想写作业。

3. 饭后人体内的血液都去帮助消化了，脑供血不足，这时立刻写作业效率低下，还容易导致大脑疲劳。

◆ 长时间或在不适当的时间写作业，会造成大脑疲劳，影响专注力

◆ 作业完不成，影响学习

放学后时间分配不合理的后果

◆ 很晚才做完作业，影响睡眠

◆ 饭前剧烈运动，影响健康

◆ 形成拖延、磨蹭的坏习惯

吃完饭马上写作业，一点效率都没有！

秒变时间管理小能手

1 放学后可以先安排慢运动、吃零食、喝水等，以免在一天的学习后马上写作业，太过疲劳，事倍功半。

2 爱拖延的孩子，放学后要先安排学习任务，再安排娱乐。

3 尽量将做作业时间控制在 1 小时以内，不同的项目之间留出 3~5 分钟的休息时间。

4 作业完成后，马上把书包收拾好，不要将收拾书包的任务拖到第二天早上。

放学后时间规划

17:00—17:10
休息

17:10—18:30
写作业

18:30—19:00
晚饭

19:00—20:00
看电视、玩游戏

20:00—20:30
阅读

20:30—21:00
睡前准备

学习计划不是越满越好

　　小梁正在制订学习计划，明天要做的事情好多呀，语文要抄写 20 组生词和背诵课文，数学有 10 道难题，英语要背 30 个单词和预习课文，还要练琴、画画，小莫还约了他出去玩，这下可真是要忙坏了……

　　爸爸看了看他的学习计划，大笑道："一天要做完这么多事情，48 小时也不够用吧！"小梁赶紧询问爸爸自己的计划出了什么问题。爸爸告诉他，订计划时如果把每天的时间安排得满满的，甚至把 3 天的任务堆到 1 天，计划怎么可能顺利执行呢？学习计划必须得切实可行，合理安排时间，合理分配精力，才能坚持。有缓冲余地的事情可以晚点做。

　　刚开始学习做计划时，每位同学都制订过不靠谱的日程表，导致计划失败吧，那问题出在哪里呢？

　　1. 对自己在一段时间内可以完成多少事没有概念，制订的计划自然不靠谱。

　　2. 不清楚自己每天必须完成的任务和可以延期再做的事，感觉时间不够。

　　3. 制订学习计划时没有充分考虑自身实际情况，将计划制订得过于困难或是过于简单。

◆因学习计划太难而完不成，影响日后制订计划的积极性

◆学习计划制订得太简单，容易养成懒散的坏习惯

学习计划不切实际的危害

◆学习计划难度太大容易引发焦躁不安、恐惧、抑郁及厌学心理

◆学习计划安排得太满，影响执行力度，容易造成拖延

◆影响学习效果，影响成绩

计划清单可不是越长越好。

 秒变时间管理小能手

1 以必须做的事为锚点，制订学习计划，合理分配时间。给重要的事优先分配黄金时间段，会产生更多价值。

2 制订学习计划后，先执行一段时间，验证计划是否切实可行，再视情况进行调整，以保证计划的效果。

3 做学习计划时，应预留出适当的弹性时间，以应对突发情况，保证计划得以顺利执行。

4 做好学习计划后应认真执行，以免学习计划沦为"面子工程"。

我的学习计划表

必须完成的项目		时间安排	时长
明天必须交的作业	生词 20 组		
	背诵课文		
	数学难题 10 道		
约好的任务	培训班		
备注			

弹性项目		时间安排	时长
不必明天交的作业	英语单词 30 个		
	预习英语课文		
不必每天完成的任务	画画		
	练琴		

制作一张饼图日计划

小秩每天忙忙碌碌的，却经常感觉好像还什么都没做，一天就稀里糊涂地过去了。小秩很烦恼，于是对妈妈诉说。妈妈建议他制订计划表。可小秩说做了计划表，也没有起到很好的作用。妈妈说："那饼图日计划就太适合你了。它能让你把每天要做什么看得清清楚楚。"

那么饼图日计划怎么做呢？

妈妈告诉小秩，饼图就像一个钟表，把一个圆分成 24 等份，代表 24 小时，每个小时计划做什么事，标注在上面就可以了，什么时候学习、娱乐和休息，都可以在上面进行规划。饼图比传统日程表更直观形象，可视化更强。哇！原来饼图这么有用啊！

饼图可以帮我们什么忙？我们为什么要制作饼图呢？

1. 用饼图记录时间，明确每个时间段自己要干什么；记录每件事需要的时间，为做计划提供依据。

2. 用饼图来"诊断"时间，看哪些地方时间利用不合理，重新进行调整、完善。

3. 对每日饼图进行对比，反思自己在哪些事上提高了效率，哪些事上浪费了时间，增强珍惜时间的意识。

制作一张饼图日计划，一天要做什么，看得清清楚楚！

 秒变时间管理小能手

1 将某段时间内必须做的事情，按照轻重缓急的顺序进行排序。找出主要事项，分配更多时间。

2 将重要的需要深度思考的事项排到其对应的黄金时间段内，其他事项围绕重要事项安排。

3 将分布在不同时间段的相同事项用同色笔标出，更方便进行对比，找出更优的时间利用方案。

我的时间饼图

让我们一起来做饼图吧!

这样你就能根据饼图看出每个任务在一天中占的时间是多少了。

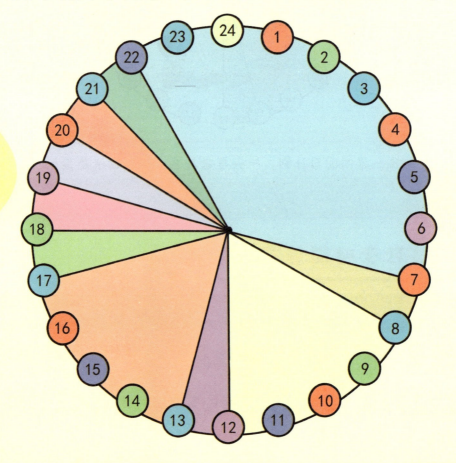

★ 取一张白纸,参照24小时的时间,绘制一个带有24个点的饼图。
★ 将要做的事情分成几个时间段,并在饼图上根据时间段划分区域。
★ 划分完区域后,涂上不同颜色,并标注清楚任务。

有规划的人，周末也不会太放肆

　　哇！周末到了！小念一觉睡到大中午，早上无论妈妈怎么喊就是不肯起床。中午妈妈做了大餐，小念狂吃一顿，感觉终于满血复活了。下午，小念整整打了一下午游戏，薯片、可乐、爆米花吃个不停。

　　"小念，别打游戏了，晚上咱们去看电影吧？""不去！看电视多方便呀！""那咱们明天去公园划船吧？""不要！周末只有两天，我哪儿都不想去，就想宅在家里！"妈妈觉得小念的周末太没规划了，不仅对健康不好，还会打乱生物钟，影响下周的正常生活学习节奏。可小念觉得周末只有两天，无所谓。可是每周两天，一年就有104天，难道这么多时间就这样白白消耗吗？

1. 认为周末就应该纵情享乐，觉得时间规划就是对学习的规划，有抗拒心理。

2. 周末很无聊，但不知道要做点什么，只好无节制地看电视、玩游戏。

3. 觉得平时学习太辛苦了，周末哪儿都不想去，只想宅在家里睡觉、玩游戏。

4. 认为两天时间很短，无论做什么都会很仓促，很劳累，规划不了什么事情。

◆ 消极无聊，消磨时间

◆ 打乱作息规律，打乱生物钟

周末无规划的后果

◆ 不利于健康

◆ 没有完成一件事的成就感、满足感，内心空虚

◆ 不进行社交和亲子交流，沟通能力变差

你可不要小看周末时光！

◆ 每周有两天是周末

◆ 一年就有约 104 天的休息日

◆ 每天看书、学习 8 小时

◆ 就有 800 多个小时可以规划

秒变时间管理小能手

（1）周末也要有计划，计划可以宽松一点，多点娱乐时间，但也要合理安排学习和兴趣班等，劳逸不可偏废。

（2）可以多安排一些户外活动，如打球、跑步、滑冰等，让周末过得更健康，更有活力。

（3）安排几件固定的、平时太忙做不了的事，如看电影、野餐、逛公园、去商场购物等。

周末活动手账

时间	活动	
7:00 — 8:00	洗漱 + 吃早餐	☐
8:01 — 9:00	写作业	☐
9:01 — 9:30	做家务	☐
9:31 — 10:30	阅读	☐
10:31 — 11:30	打羽毛球	☐
12:01 — 14:00	午饭 + 午休	☐
14:01 — 15:00	写作业	☐
15:01 — 18:30	乘车 + 看电影	☐
18:31 — 19:30	晚饭 + 散步	☐
19:31 — 20:30	培养爱好	☐
20:31 — 21:00	洗漱	☐
21:01 — 21:30	睡前阅读	☐

考前计划帮我取得好成绩

要月考了，小然坐在桌前，一会儿看看数学，一会儿翻翻语文，焦虑得不知如何是好。爸爸问他怎么了，小然说要考试了，自己还没准备好。爸爸笑了笑："咱们制订个考前计划吧。"

在爸爸的帮助下，小然清楚了自己能达到的目标；算清了自己的复习量——每科两单元；分析了每科的重点难点，甚至拿出错题本，找出了自己的知识漏洞；弄清了自己的强科弱科，哪科能进步最大。据此，他安排好了每天的复习计划。

有了考前计划，小然就没那么浮躁了，他每天只管按照计划有条理、有针对性地进行复习。考试时，小然果然每道题都能轻松解答，取得了优秀的成绩。

考试前，我们为什么还要制订专门的复习计划呢？

1. 面对考试，如果没有复习计划，我们会觉得茫然无措，不知从什么地方下手。复习计划能给我们一个明确的抓手。

2. 复习计划可以给我们提供明确的目标，如语文、数学要提升至多少分，复习时能更有动力，时间利用更充分。

3. 做计划能帮我们捋清自己的薄弱点、易错点、知识重点等，复习起来更有针对性，时间分配会更合理。

4. 复习计划给我们的时间分配和知识点的复习顺序提供依据，让我们复习得更有效率。

◆ 时间不够用，复习不完，备考不充分

◆ 复习效率低，成绩差

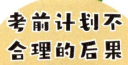

考前计划不合理的后果

◆ 使弱科更弱，成绩没有提升，打击学习积极性

◆ 没有对学过的知识做全盘复习计划，复习时知识不够系统化

◆ 制订的计划不合理，难以完成，导致心态失衡

考前有计划，多难都不怕！

秒变时间管理小能手

1 先确立考试目标，再分析各科得失，了解自己的薄弱环节，然后把复习任务拆解到周计划、日计划当中。

2 给精力充沛的"黄金时间"分配复杂的高强度任务，如各科难题。每次都从较复杂的学科开始学习，做好精力管理。

3 给弱科多分配时间，补齐短板对成绩提升更有效。

我的时间规划表

平日	开始时间	时长	奖励 ⭐
记录错题			
疑难点复习			
周末	开始时间	时长	奖励 ⭐
基础知识点整理			
提纲式系统复习			
重点复习			
翻错题集			
典型题复习			
弱科复习			

尝试制订一个月计划

小沫要上六年级了，爸爸问她对新学期和即将到来的小升初有什么打算。小沫忧心忡忡地对爸爸说："我想考一中，但每科至少保持在 95 分以上才能考上，我目前还达不到。"

爸爸跟小沫一起分析了她每科的差距和较弱的学科，然后让她制订了一个月计划，再把月计划拆分到每周、每天的时间里去。按照计划一项一项地去执行，这样就能把长远目标分解成短期目标，化整为零，实施起来就更具体清晰了。

随着小沫一项一项定任务，每周、每天的学习任务渐渐清晰起来。小沫终于松了口气，看起来自己的目标也不是那么高不可攀，时间还是很充裕的嘛！

一起来找找原因吧！

很多同学也许会有疑问：我们既然有了总目标，那按照每日的安排，按部就班不就好了吗？为什么还要制订月计划呢？

1. 长期目标具有长远、模糊性，很难安排到琐碎的日程当中，必须有月计划的统筹，才能保证每周、每天的安排合理。

2. 通过月计划可以把庞大的整体目标分解成可具体执行的小目标、小任务，更容易下手。

3. 每日计划是一些具体事件的时间安排，这些小计划如何衔接、配合，需要月计划的统筹。

4. 月计划时间不长不短，不确定因素较少，方便准确制定目标，更方便调整。

◆ 陷入每日细节，不能主动调整、反思

◆ 没有每月小目标，行动没有方向

没有中期计划的后果

◆ 长期目标相对来说较宏大，容易使我们放大困难，陷入焦虑、茫然、无助、抱怨等情绪之中

◆ 没有中期计划，长远目标和梦想就没有落地步骤

◆ 陷入空想、自我否定和原地踏步的不良循环

再高远的梦想，也要从计划的阶梯爬起。

 秒变时间管理小能手

（1）　为每月制定想要集中精力达到的目标，如把成绩较差的数学科目提高多少分，执行起来更有动力。

（2）　把必须做的事按照重要程度排序。制订计划时不要贪心，把更多时间花在更重要的事上。

（3）　进行细化，如计划记忆 300 个单词，每天可以记 15 个，周六、周日进行复习。

（4）　先把所有任务分成 4 个平衡的周计划表格，再按照周一到周日的顺序，细化成日计划。

（5）　每一个周计划、月计划执行完毕之后，要进行对比和总结反思，及时调整对时间的利用方式。

我的月计划

1	2	3	4	5	6
1. 写语文作业 2. 做数学题					
●1 和 2 完成　●	●	●	●	●	●
●30 分钟　●	●	●	●	●	●
7	**8**	**9**	**10**	**11**	**12**
●	●	●	●	●	●
●	●	●	●	●	●
13	**14**	**15**	**16**	**17**	**18**
●	●	●	●	●	●
●	●	●	●	●	●
19	**20**	**21**	**22**	**23**	**24**
●	●	●	●	●	●
●	●	●	●	●	●
25	**26**	**27**	**28**	**29**	**30**
●	●	●	●	●	●
●	●	●	●	●	●

备注：将每天的计划写在方框内，将要完成的目标和时长写在横框内，做出月度计划。

假期无计划，开学两行泪

　　放假了，小悦简直玩得不亦乐乎。每天一睁开眼就约上几个小伙伴，到足球场大战一场。吃过午饭就上线打游戏，厮杀到晚上，彻底把作业抛到了脑后。妈妈让他做个暑假计划，小悦不满地嚷嚷着："假期就应该痛痛快快地玩，要什么计划！"每次妈妈催他写作业，小悦总不耐烦地说："时间还很多呢！"

　　直到假期快结束了，小悦才埋头苦干起来，起早贪黑地补作业。即便开学前一天，小悦写作业写到晚上 10 点多，但还是没写完，最终挨了老师一顿批评。爸爸也抱怨，本来安排好的假期旅游，也因为小悦要补作业而泡汤了。

一起来找找原因吧！

　　很多同学都觉得假期除了写作业，不就是玩乐吗，为什么还要制订计划呢？

　　1. 假期计划可以帮我们明确目标，如旅游、放松身心、学习新技能等。有计划，我们的假期生活才能更充实，我们也会更有收获。

　　2. 假期计划可以帮我们更好地管理时间，以免陷入无节制的玩乐中。有计划，我们才能充分利用每一刻，还能留出充足的时间享受假期。

　　3. 假期有计划，我们做事能更有节奏，平衡劳逸时间，免得学太累或玩太累，打破生理时钟，导致健康问题。

　　4. 假期还是难得的"家庭时间"，利用假期安排团聚、旅游，可以使家庭关系更亲密、和谐。

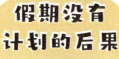

◆ 假期前闲后忙，缺乏节奏感

◆ 没有完成事情的成就感、满足感，内心空虚

假期没有计划的后果

◆ 没有进行出游、探亲等活动，没有享受感

◆ 整天睡觉玩乐，虚度光阴

◆ 长时间打游戏，不利于身体健康

假期玩过头，小心被作业压垮！

 ## 秒变时间管理小能手

1 为必须做的事如写作业等，留出充足时间。

2 制定目标，明确一两件在假期想要挑战的事，如学会游泳、学街舞等，安排固定时间去执行。

3 为暑假做个具体的规划，给每天要做的事安排合理的时间段。

4 制订计划表时，尽量不要把做作业的时间排满整个暑假，以免作业被出游计划或其他意外状况耽误。

我的假期思维导图

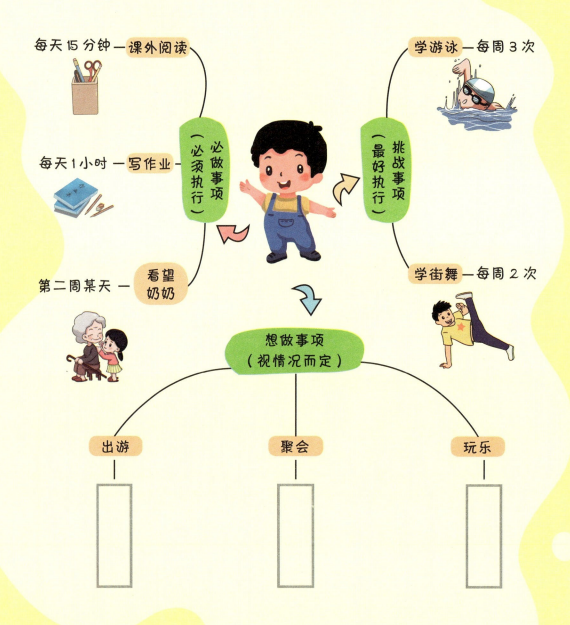

每天15分钟 — 课外阅读

每天1小时 — 写作业

（必须执行）必做事项

第二周某天 — 看望奶奶

学游泳 — 每周3次

（最好执行）挑战事项

学街舞 — 每周2次

想做事项
（视情况而定）

出游

聚会

玩乐

学玩兼顾的项目，创造双倍时间

　　周末，还有两个小时的自由时间没有安排。妈妈觉得小艾应该读些科普书，小艾却想去游乐场。

　　爸爸走过来，不慌不忙地问："小艾，你想出去玩对不对？"小艾点了点头。爸爸接着问妈妈："你想让小艾学知识对不对？"妈妈也点头。爸爸接着说："那不一定要读书呀！读万卷书不如行万里路，咱们可以去科技馆，那里是科普知识的大集合，可以让人大开眼界，又比死读书更有趣，你们觉得呢？"

　　妈妈和小艾都很喜欢这个安排，既能玩，又能学，这可真是对时间最好的利用了！

在多数人眼里，学习和娱乐是一对"死对头"，可为什么有些人学得好玩得也好呢？因为他们提高了对时间的利用率。

1.学玩兼顾的人通常自制力较强，玩时尽情玩，学时集中精力学，自然效率高。

2.学玩兼顾的人能在学习中找到乐趣。

3.学玩兼顾的人往往做一件事能达到多种效果，玩乐中能学到新知识，学习中能找到快乐。

4.学玩兼顾的人处处留心，思维发散，往往能将生活、玩乐中增长的知识迁移到有用的地方。

5.学玩兼顾的人往往更喜欢主动式娱乐，如弹琴、下棋等，时间的利用更富有深度和广度。

◆ 满负荷学习，大脑疲惫，精神崩溃

◆ 无节制玩乐，荒废光阴

把娱乐和学习对立的后果

◆ 只注重理论，不重视实践，无法学以致用

◆ 不能客观理性地看待休息与娱乐，因玩乐自责，压力过大

◆ 学玩对立，造成单线思维，容易失去对复杂事情的处理能力

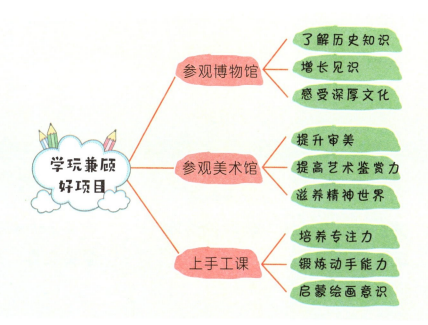

学玩兼顾
好项目

参观博物馆
- 了解历史知识
- 增长见识
- 感受深厚文化

参观美术馆
- 提升审美
- 提高艺术鉴赏力
- 滋养精神世界

上手工课
- 培养专注力
- 锻炼动手能力
- 启蒙绘画意识

秒变时间管理小能手

1 多选一些学玩兼顾的项目，如参观科技馆、博物馆、天文馆、艺术馆等，提高时间的利用率。

2 在玩乐中多留心，如游戏中的人物可能是小说或历史人物，某些游戏中隐藏着逻辑问题，多用心也能拓展能力。

3 从科学实践、小组讨论中找到动手、思想交流的乐趣。

4 减少被动式娱乐，如看电视、刷视频等，增加主动性娱乐，如下棋、滑冰、密室逃脱等。

我的假期计划

🔴 **语文** 猜灯谜 玩成语接龙	🟡 **数学** 玩数独游戏 玩魔方等	🔵 **英语** 看英文动画片、 学英文歌
🟢 **手工** 动手制作	**学玩兼顾 九宫格**	🟣 **科普** 逛科技馆
🔵 **音乐** 听音乐会	🔴 **美术** 逛美术馆	🟤 **舞蹈** 观看／参加舞蹈 比赛

不会休息，怎能缓解疲劳？

娟娟问小奕为什么每天精力都那么旺盛，她却总是感觉累极了。小奕问娟娟是不是没规划好休息时间。娟娟觉得自己睡得还行。小奕摇了摇头："不是睡眠，你看咱们每天在学校 9 小时，睡觉 8 小时，吃饭、写作业 3 小时，路上、洗漱 1 小时，还有 3 个小时的娱乐时间呀，你怎么安排呢？""刷刷视频、看看电视就过去了。"

小奕告诉娟娟这都是被动休息，很难缓解大脑的疲劳，还会越"休"越累。如果学习累了，应该让大脑放松，可以去运动。运动累了，就坐下来或者躺下来，让身体得到放松。压力太大、太焦虑可以通过听音乐缓解情绪。要做到真正的"劳逸结合"。

同样的作息时间，为什么有人精力旺盛，有人每天都那么累呢？也许是你的休息时间和休息方式出了问题。

1. 休息方式过于单一，休息时间过于集中，不利于缓解大脑疲劳。

2. 休息方式错误，长时间刷视频、玩游戏，越"休"越累。

3. 休息时间不对，睡前运动过于剧烈，影响睡眠。

4. 身体休息和大脑休息不能保持良好的节奏，大脑休息时间过短或不彻底。

5. 身体休息，情绪不休息，烦躁、焦虑影响大脑状态。

睡眠不足，精神疲劳，听课打盹，形成恶性循环

不能劳逸结合，效率低下

打乱生物钟，导致神经衰弱

大脑没休息好，没精打采

休息安排不合理的后果

长时间刷视频，越"休息"越累。

秒变时间管理小能手

1 什么时候休息，采用什么方式休息，休息多长时间，都保持一定规律，形成良好的生物钟。

2 保证适当的睡眠时间，睡得过少或过多都会导致头昏脑涨，小学生每天应睡 8~10 个小时。

3 每天运动半小时，能使大脑更清醒，精力更旺盛，做事效率更高。

4 张弛有度，让大脑和身体轮流得到充足的休息。

5 活动休息（运动、唱歌、跳舞等）和安静休息（坐、躺、听音乐等）结合，休息更彻底。

我的作息计划

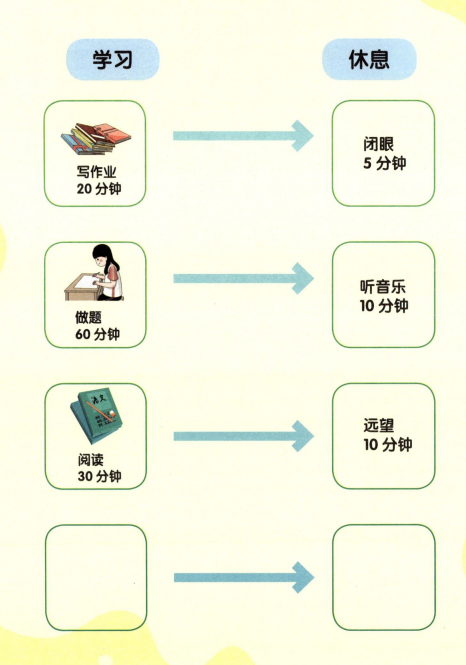

学习		休息
写作业 20 分钟	→	闭眼 5 分钟
做题 60 分钟	→	听音乐 10 分钟
阅读 30 分钟	→	远望 10 分钟
	→	

出游计划排得太满，让人喘不过气

爸妈、奶奶和小雯去旅游，让小雯来安排行程。

小雯对着各个景点看了又看。哇，美食一条街不错，环球影城也值得一去，划划船、爬爬山很健康，这条巷子是网红景点，值得去打个卡……小雯把地图查了又查，说保证大家一定能玩得特别尽兴。

可等全家人开始游玩的时候，却发现行程安排得密密麻麻，每小时都要转一个景点，并且全程都要靠步行。奶奶玩了一半实在受不了了，只好提前返回酒店了。爸妈和小雯坚持逛完所有景点，一天下来都累瘫了。

1. 计划排得过满，以为安排行程就要把时间都用尽。

2. 没有安排合理的休息时间，或项目安排不合理，逛街、爬山等动项应与划船、乘车等静项交叉安排，给身体留出休息的时间。

3. 安排行程时没有考虑老年人的身体状况，或做出适当的时间调整。

4. 计划不切实际，每个景点都没有分配足够的时间，只能走马观花。

◆ 没有达到休闲娱乐的目的，愉快的旅游变成了负担

出游计划排得太满的坏处

◆ 走马观花，没有获得深度游玩的乐趣，无法尽兴

◆ 造成精神疲劳、情绪低落、争吵等

◆ 因为太累，放弃计划，遗憾而归

计划安排得很丰富，可惜我的体力不支持。

 ## 秒变时间管理小能手

1 给身体和精神都留出休息、恢复的时间，不要为了不浪费时间而把计划排太满。

2 项目应动静结合，连续步行 30 分钟就会有疲劳感，如果一直安排动项目，自然走得太累不想动了。另外，长时间乘车也会疲劳。

3 安排行程要考虑所有人的年龄、兴趣、身体情况，切合实际，符合科学和健康要求，不追求"多""满"。

4 给计划留点弹性。无论是旅游计划还是学习计划，都要留点弹性时间，给身体、大脑、意外事件等留点余地。

★ 旅行计划线路 ★

第一天
逛景点

第二天
上午休息，下午
去美食一条街

第三天
打卡博物馆

第四天
拍艺术照

第五天
看演出

第六天
回家

执行时间表不能影响作业质量

姗姗很不喜欢按照时间规划表做事，妈妈承诺如果她能按时间表，在40分钟内完成作业，就给她买最喜欢的手办。

"真的吗？那我一定好好执行。"姗姗兴奋起来。

果然，没过几天，妈妈发现姗姗写作业的速度越来越快，原本需要一个半小时才能完成的作业，姗姗一个小时就写好了，后来居然能在40分钟内完成。妈妈很开心，没想到老师却打电话告诉妈妈，姗姗最近的作业质量严重下降，请妈妈多多关注她的学习状态。

原来，姗姗为了得到喜欢的手办，强行在规划表的时间内完成作业。为了追求速度，"牺牲"了作业质量。

一起来找找原因吧！

1. 规划表不合理，没有充分合理地评估一件事需要的时间，想要完成计划表只能弄虚作假。

2. 没有明确时间规划表的最终目的是提升学习成绩，而非一味追求快，质量和效率同样重要。

3. 执行时间规划表只为奖励，没有内驱力和主动性，自然不可能有好的结果。

4. 不明白时间规划表真正的意义是让我们做事有方向、有秩序、有依据，能快速达到目标。

5. 对待时间规划表不理性，总感觉规划表是一种压迫。

◆ 省略必要的做题步骤和检查过程，很容易出错

◆ 作业质量差，需要重写，浪费时间

◆ 只重速度和结果，不耐心整理思路，长期下去思维混乱

只注重速度的后果

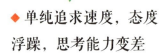

◆ 读题不仔细，做题不认真，养成草草应付的坏习惯

◆ 做题不认真，影响第二天的听课效果，形成恶性循环

◆ 单纯追求速度，态度浮躁，思考能力变差

质量和效率同样重要！

 秒变时间管理小能手

1 制订时间计划表时充分评估每件事的用时，计划表一定要切实可行。

2 自己来制订时间计划表，执行起来更有主动性。

3 调整心态，积极理性地看待时间计划表，在执行中慢慢体验掌控时间的愉悦感。

4 制订计划表时将要达到的目的写在最重要的位置，执行时就不会舍本逐末、弄虚作假了。

我的效率 & 质量平衡表

作业量	估算时长	作业质量
复习课文	10 分钟	
抄 10 个词	5 分钟	
背一首诗	15 分钟	
做 10 道数学题	30 分钟	
默写 10 个英语单词	10 分钟	